65歳から

心ゆたかに 暮らすために 大切なこと

ショコラ

マガジンハウス

はじめに

こんにちは。ショコラと申します。

2月の誕生日で、65歳になります。
1LDKのマンションでひとり暮らし。
40代で離婚した夫とのあいだには、息子がふたり。
仕事は週4日のパートタイムです。

ごくごく普通のわたしがなぜ本を書くことになったのか。

きっかけは、2016年のクリスマスに始めたブログでした。

お気に入りだった冷蔵庫が壊れて買い換えた顛末《てんまつ》を、備忘録がわりに書いたのが始まり。それから、毎日のリアルな暮らしを少しずつアップするようになりました。

「60代一人暮らし　大切にしたいこと」lee3900777.muragon.com

題材は身の回りのささやかなことばかりですが、このブログに興味を持ってくださった出版社があり、『58歳から日々を大切に小さく暮らす』（すばる舎）という本を2019年に出すことになりました。

本が出てから、たくさんの感想をいただきました。

「自由で快適そうな暮らしがうらやましい」

「ショコラさんみたいな60歳になりたい」

と、うれしいことを書いてくださる方が大勢いました。

「どうやったら、ショコラさんのような暮らしができますか」という質問もたくさんありました。

どうすれば、上手な暮らしができるのでしょう。答えは、とてもシンプルです。「なんとかなるだろう」と、運まかせにしないで。自分の手で「なんとかしなくちゃ」と意識を変えることから、始めればいいのです。

思い返してみれば、つらいことも、しんどいときもありましたが、ひとりになってから少しずつ暮らしを見直してきたおかげで、この先の年金生活を、楽しみに迎えることができそうです。

ささやかでも満ち足りて自由な暮らしをするために、どんな準備や心構えをしてきたのか。この本で、それをお話ししたいと思います。

仕事、人づきあい、お金のやりくり。ファッションやインテリアにも、わたしなりの経験と工夫があります。でもどれも、特別なものではありません。


わたしが心がけていて、自分に問いかけるのは、

「身の丈に合っているか」

「無理していないか」

「それは好きなことか」

この3つだけ。


初めて読まれる方も、前著を読んでくださった方も、読み終えて、本を閉じたときに、

「ああ、年齢をかさねるのも、悪くないな。65歳になるのが待ち遠しいな」

と思っていただけると、こんなにうれしいことはありません。

第2章

一念発起。57歳からのキャリアダウン

第3章

生活費12万円でも「余裕」の秘けつ

第4章

大きな楽しみは、なんといってもおしゃれ

第5章 暮らしまわりのちょっとした知恵と工夫

第6章
いい人間関係に恵まれているからしあわせ

第7章

これからが楽しみどき。65歳のギアチェンジ

第 1 章

仕事をしてきて、
ほんとうによかった

キャリア志向でもなんでもなかったけれど、
結婚して家庭に入ったら、
早く外に出たいという気持ちが強くなり、
パートで働き始めました。

高卒で就職、24歳で結婚、年子の男の子を育てる日々。

高校を卒業して最初に勤めたのは、不動産関連の会社でした。そこでは一般職として事務仕事をしたり、お茶くみもしていました。資格をとって昇進しようとか、いい条件で転職したいとか、キャリア志向とは無縁。

仕事が終わったあとは、高校時代からの友だちと待ち合わせして、横浜駅地下街で買い物したり、晩ごはんを食べたり。実家暮らしでしたから、お給料の中から3万円だけ母に手渡して、残りは全部お小遣い。食べて、旅行して、ショッピングして。「将来のために貯金をしなきゃ」なんて、まったく考えてなかったです。ほんとうに能天気なOLでした。

やがて夫になる彼と知り合い、24歳で結婚。同じころ、まわりの友だちも次々と結婚していき、24歳の結婚は、当時ならほぼ平均的でした。結婚が決まったときに、仕事を辞めて家庭に入ることになったのも、1980年代初めでは、「あたりまえ」の感覚だったと思います。

結婚してすぐに長男を授かり、そこから怒涛《どとう》の子育ての日々が始まりました。年子で次男が生まれ、手のかかる男の子たちを相手に、スーパーと公園と自宅の3か所をただぐるぐるとまわる。そんな毎日のくり返しでした。

子育ては大変でも、子どもたちのことは心からかわいいと思っていました。わたしもまだ20代だったので、体力もありましたし、そのときは夢中で子どもたちと向き合っていました。いま、ふり返ると、かけがえのない時間だったと思います。

動きまわれるように、汚れてもいいように、キュロットとトレーナーがそのころの定番。結婚する前は、おしゃれが大好きで、ファッションビルに勤務していたこともあり、仕事の合間にも、「視察」がてら、ショップを見てまわっては「こんどは、あのコートを買おう」と、目星をつけていたぐらい

子どもたち２人が小学生になったばかりのころ。こうしてみると、まだ小さいですが、絶対に働きに出ようと決めていました。

でしたが、子育て中はおしゃれどころではありませんでした。
　長男が小学校に入学したころから、年子の次男が小学校にあがったら、外で働こうと決めていました。夫からそれなりに生活費はもらっていましたが、自分の自由になるお金が欲しかったからです。自分のお金がないのは心もとないし、夫に気がねしないで買い物がしたい、と、じわじわと思いがふくらんでいきました。

次男が小学校にあがった4月が、パートの仕事始め。

仕事をしよう。そう思っても、子どもたちが幼稚園に通っているうちは、子育てを最優先したいと思っていました。それでも準備だけはしておこうと思い、友だちに相談したり、新聞の求人欄をチェックしていました。

ちょうど、目薬で有名な老舗製薬会社が、直行直帰のパートのエリア営業スタッフを募集していて、これなら時間の拘束も短いし、決められた取引先をまわればいいという仕事だったので、そこに応募し、採用されました。

婚家には夫の父が同居していて、自営業だったので、子どもたちが学校から帰っても、家に大人がだれかいるという環境でした。

迷わずパートを始められたのは、それが大きかったかもしれません。

わたしはなにか欲しいものがあると、高校生のころからアルバイトして、自分で買っていました。

勉強が好きでもなく、親に負担もかかる。働いてお金を得たかったので進学は選ばず、高校を卒業したらすぐに就職しました。

8年のブランクを経て、また働くことになったとき、就職したばかりのころのどこかわくわくする気持ちを思い出しました。

これからは自分のお金が得られる、と。

わたしは家族と暮らしていても、ずっと「個である自分」という線引きを忘れませんでした。自立したひとりの人間という証しが欲しかった。

それは精神的なことだけではなく、お金のことをちゃんとしておきたいという気持ちも含めてです。

✤働きたいという気持ちが起きたときに、すぐ準備を始める。

自分が働いたお金を使うと、うれしさが違う。

結婚しているのだから、夫から生活費をもらうことに抵抗があったわけではありません。それでも、わたしは専業主婦でいるあいだは、どこか心もとない気持ちがありました。

年子の子育てに追われていたので、ゆっくり考えることはなかったのですが、このまま同じように暮らしていっていいのだろうか。夫の収入だけでなく、子どもたちの将来や余裕のある暮らしのためにも、自分のお金を稼ごうという気持ちがだんだん大きくなったのは確かです。

最初は10時から15時まで。子どもたちを学校に送り出して片づけ、そうじをしてから出勤して、夕食の準備までには帰ってこられる。週3日出勤して、時給でしたが、月に6万円近くをいただいていました。

働くのがこんなに楽しいのか、とあらためて思いました。仕事は、担当した薬局の売り場をまわってあいさつし、商品の紹介をしたり、陳列棚をチェックするエリア営業の補佐でしたが、自宅から半径1キロ以内の生活から街中に出て、しかも、お給料をいただけることは、喜びでした。

不思議なもので、パートタイムとはいえ、自分が働いて得たお金でものを買うと、喜びもひとしお。家計が足りないときは、補填《ほてん》もできるし、子どものものを買っても気分がよく、自分の服を気がねなく買えるのは本当にうれしかったです。

そのあと、外資系の日用品メーカーや大手化粧品メーカーなど、勤め先は何度か変わりました。契約満了だったり、会社の業態転換などが理由でしたが、時代がよかったせいか、友だちの伝手《つて》や新聞広告などで、転職先がすぐに見つかり採用されることができました。

パートで働き始めて3つ目の会社は、外資系の大手化粧品メーカーで、ここでもエリア営業を担当することに。主婦を活用した1期生として、月曜から金曜まで週5日フルタイムで、9年間勤務を続けました。

友だちと喫茶店でコーヒーを一杯飲むのも、ランチするのも、自分が働いたお金だと思うと、気持ちがとても晴れやかだったことを覚えています。

30代半ばから後半にかけて洋服もバッグもたくさん買いました。いま、ふり返ると、ちょっと考えられないぐらいに。でも、それはそれで楽しく、いい思い出になっています。


お給料のありがたさを知ることは、働くモチベーションになる。

40歳近くになって考えた。一生一緒には暮らせない。

働き始めて6～7年ぐらい経《た》ったころ、結婚生活がどうにも苦しくなってきました。夫が浮気するとか、働かないとか、そういうわかりやすい理由ではなかったけれど、何かが違う、と。

いまの言葉にすると「モラルハラスメント」になるかもしれません。結婚当初は我慢していた夫の言葉に、傷つくことがだんだん増えてきました。

若い頃は気が強いところもあったので、「女だから」と格下に扱われることがあると、反論するようになりました。思っていることをぶつけると、相手はさらにこちらを罵倒する、威嚇《いかく》する。そういうことのくり返しで、わたしの心は閉ざされ、言いたいことも言えず心にためるようになっていきました。

普段は仕事のあと毎日遊び歩き、育児もわたし任せでも、日曜日には家族そろって出かけ、子どもたちを野球に連れて行ってくれたり、かわいがってくれましたが、根本的な考えがまったく違う。価値観が違う。毎日の暮らしの中で、少しずつ心が離れていった気がします。

この先一生、この人とひとつ屋根の下で暮らすことはないだろう、と思い始めたのは40歳が近づいたころだったでしょうか。それでも、感情にまかせてすぐに離婚などしたら、子どもたちに悲しい思いをさせてしまう。わたしが暮らしてゆくことも不安です。わたしはこの先どうしていきたいのか、考え始めました。

別居にむけてお金を貯めること。子どもたちと離れずに暮らすにはどうすればいいのか、と。

パートタイムで稼ぐお金が少しでも増えるように、出勤時間を調整し、稼働時間も増やし、買い物もやめました。

あれこれと「将来の生活設計」を考えましたが、ちょうど長男の高校受験が迫っていて。受験を迎えて不安な気持ちになっている子どもを、母親のせいで動揺させるわけにはいきません。

翌年には次男の高校受験も控えていたので、次男が高校を卒業するまでは自分の気持ちはいったん抑えて、もう少し家族としてやっていこうと考えていました。

その半面、不仲になっても、中学、高校と多感な子どもたちの前でケンカはしませんでした。ただ高校生にもなればそんなことはわかるはず。ギスギスした雰囲気で明るくふるまっても、母親がしあわせそうではない姿を見せるのは、かえってよくないのでは、とも思っていました。

❖家族のことを一番に考えながら、自分の気持ちも大切にする。

42歳の決意。家を出て、花屋の2階へ引っ越し。

次男が高校に入学した年の夏休み、どうしてもがまんできない出来事があり、家を出ました。手元には、パートでこつこつ貯めた100万円と、結婚していたあいだにかけていた夫の生命保険を解約した80数万円。

そして、結婚前の退職直前にもらったボーナスなどを貯めておいた貯金が100万円ちょっとありました。

これは何かあったときのために手つかずで持っていました。

まずは生命保険の解約金で仕事に必要な車を買い、アパートを契約しました。買ったのは中古の小型車シビック。

わずかな家具と、衣装ケース3つ分の洋服や身のまわりの雑貨を車に積み、残りは置いたまま、あたらしい部屋での暮らしがはじまったのです。

そのとき、わたしは42歳になっていました。

夫婦が離婚を前提に別居することになったとき、一般的には子どもたちは母親につくことが多いかもしれません。

わたしたちの場合は、夫の実家に義父と同居していたこと、夫が自営業を継いだこともあり、わたしが家を出ることにしたのです。

子どもたちにどうするか聞きましたが、もう高校生。生まれ育ったわが家のほうがいいだろうし、それぞれ自室もあったので、母親についていって手狭なアパート暮らしにつきあうこともないでしょう。かといって、子どもたちとこのまま離れてしまうことはできません。

そこで、どうすれば一番良いのかと考えました。いつでもすぐに行ける距離に住んで、わたしが元の家に毎日通って、家事や食事の支度をすればいいのだと。

そのつもりで部屋探しをしたら、手頃な物件が見つかりました。婚家から歩いて15分、自転車で5、6分の場所にある、2階建ての花屋。その2階にあるひと部屋、1Kが賃貸に出ていたのです。水道代込みで6万2千円。すぐに部屋が借りられたのも、パートとはいえ仕事をしていたからだと思います。専業主婦のままだったら、たとえ小さなアパートでも賃貸契約は結べなかったかもしれません。

「それならわざわざ別居しなくてもいいでしょう」と、不思議に思う人もいるかもしれません。

でも、この風変わりな別居と、通い子育ては、思い返しても、当時それしか道はなく、あの生活があったからこそ、10代だった息子たちとの結びつきが生まれたと思っています。

常識にとらわれず、ベストな方法を考え、実行に移す。

仕事が終わったら、まっすぐ婚家に向かい、3人分の夕食の支度。一人暮らしの部屋にたどり着くのは、11時を過ぎたころ。

仕事から婚家に直行。風変わりな別居生活を必死にこなす。

この別居のときに心の支えになってくれたのは、息子の小学校PTA仲間のお母さんでした。彼女はわたしのことを「LEEママ」と呼んでいました。「LEE」は創刊されたばかりで、家庭もおしゃれにも手を抜かない女性をイメージした女性月刊誌でした。ダンガリーシャツとデニム、ボーダーのカットソーというようなカジュアルなファッションが誌面を飾っていたのですが、ちょうどわたしがそんな服装だったからでしょう。そう呼ばれて果たして、自分はそうなのだろうか。

実際、仕事をしているからといって、家事をおろそかにするのはイヤだったし、おしゃれも手抜きせず、まわりにも感じよく思ってもらえるように心がけていました。たぶん、無理していたんでしょう。あのころは気づきませんでしたが、ひとり暮らしを始めて、心から深呼吸できるようになりました。わたしはまわりのことが気になるタチなのか、手の抜きかたがわからなかったのだと思います。

元夫には未練はないものの、婚家に置いてきた子どもたちのことは、気がかりでした。高校生とはいえ、まだまだ精神的には子どもです。食べものだって栄養のバランスを考えてしっかり食べてほしいし、わたしのせいでさみしい思いはさせたくなかった。

夫の帰宅は夜遅かったので、夕方仕事帰りに買い物をして、ひと息つく間もなく、婚家のキッチンで夕食を作り、子どもたちと一緒に食べて、テレビを見たり、その日にあったことを聞いていました。洗濯をして、翌日のお弁当を作って冷蔵庫に入れ、子どもたちが自室に戻るまで家にいました。

それから、急いで自分の部屋に帰り、お風呂に入って翌日の仕度をして、あとは寝るだけ。いま考えると、とてつもない体力と気力だったと自分でも感心してしまいます。

元夫からは二人の生活費として食費と高校の月謝（ふたりとも公立高校）や教材費、修学旅行の積立金などを合わせて、毎月10万円もらっていました。これは別居当初、お金に余裕のないわたしにとっては、ありがたいことでした。子どもたちに作った夕食をわたしも一緒に食べていたので、食費がかなり節約できたからです。

不思議な別居生活でしたが、心がすっかり離れてしまった夫と我慢して暮らしつづけるよりも、わたしにとってははるかにしあわせでした。正式に離婚して籍を抜いたのは、別居を始めてから、5年近く経ったとき。次男が成人してからでした。

❖無理かも、と思うことでも、体力の続く限りやってみる。

パートじゃもう無理。契約でもいいから、社員にならなきゃ。

大手外資系の化粧品メーカーでのエリア営業は、9年間のうちに時給も上がり、なんとか手持ちの200万円には手をつけずに暮らしていました。少しは貯金もできました。とはいえ、将来への漠とした不安を感じずにはいられません。

花屋の2階にあった1Kの部屋は、定休日や、店を閉めた夜には、建物全体がひっそりと静けさに包まれます。自分のほかに物音ひとつしない空間は、快適ではあるものの、考えごとをしたら、次第に暗く悪いほうへ傾いていくこともありました。

「こんな狭い部屋でわたし、なにをしているんだろう。子どもたちにも迷惑をかけて……。いまはいいけれど、このままパートをつづけても、毎月の稼ぎは15万円。もっと年をとって、働けなくなったらどうしようか」

悶々《もんもん》と考えつづけたこともあります。そのとき、ふと、頭をよぎったのが、

「わたしのこれまでの人生、そんなに悪くなかったじゃない？　心をゆるせる親友もいるし、たいせつな子どもたちもいる。親やきょうだいとも仲がいい。やるだけやって、どうしようもなくなったら、死んじゃえばいいんだ」

死ぬ気はなくても、こんなふうに開き直ってしまうと、不思議と自分のなかにあった「漠とした不安」が手放せたのです。

そうしてみると、なんとなく働いていたパートタイムの仕事ではダメだと思ってきました。ひとりになって半年後、それまでは土日に別のパートの仕事も始めていましたが、パート労働では、ボーナスもなければ、いつ契約を打ち切られるかもしれない。不安を抱えながら暮らすなんて、思いきってひとりになったのに、意味がないな、と思ったのもあります。

そのころは40代前半だったので、選り好みしなければ、雇ってくれるところはあるだろうと。

心に決めたら、わたしは早いのです。さっそく行動に移しました。いまのように転職サイトもなかったので、新聞の求人欄で就職先を探しました。そのときはとにかく必死でした。なにがなんでも、パート社員から抜けだして、毎月、月給をいただけるようになろう。そうじゃないと、この先の不安が消えない。安定して暮らしていきたい。

ほんとうにここが、わたしの「がんばりどき」だったのかもしれません。

何がなんでも社員になる。目標をはっきり持ってから行動する。

仕事探しのポイント。好きで得意なことってなんだっけ？

パートではなく、月給のもらえる社員になりたい。そう考えたとき、じつはそのときのパート先で、せめて契約社員になれないかと、人事担当者に尋ねたことがありました。社風にもなじんでいたし、わりと好きな職場だったので。でも、そのメーカーでは「今は契約社員も社員も採用しない方針」だと聞かされ、あきらめました。ほかの会社を探そうと決め、どんな仕事にしようか、職種は？　条件は？　細かく見ていきました。

高卒で手に職があるわけでもないので、職種はこれまでパートで培った経験が活かせる営業職を探しました。それも、女性にしかできない仕事を選ぶほうがいいだろうな、と目星をつけていきました。わたしが大好きなことは、ファッションとインテリア。でも、それを仕事にできるわけではないと思い、女性として日々かかせない化粧品はどうだろうと考えました。

それまでパートをしていたのも、外資系の化粧品メーカーでしたから、なんとなく勘どころはつかめていたのも、大きかったでしょうか。

化粧品とひとくちに言っても、メイクアップするファンデーションや口紅、アイシャドウなどから、肌を健やかに守るスキンケアまでさまざまです。

わたしが新聞広告の求人欄で見つけたのは、製薬メーカー系のスキンケア製品を自社開発して、販売する会社でした。

職種は営業。外回りの仕事は体力的にはきついと思われがちですが、その分、こちらの働きかけで売り上げが伸びたり、いい場所に商品を置いてもらえたりと手ごたえがあって、パートのときもやりがいを感じていたので、募集は契約社員でしたが、願ってもない求人でした。

年齢制限を越えていたのに応募したわたしを採用してくれたのは、パートだったとはいえ経験があり、フルタイムで仕事をしていたからでしょう。

いまの20代、30代の女性は、結婚しても仕事を辞めることはほとんどないと思います。ところが出産すると、産休、育児休暇があったとしても、会社を辞めてしまう人が少なくないようです。自分も結婚であっさり辞めてしまったので、偉そうなことはいえませんが、「働きたい」という気持ちになったときにすぐ仕事を探したのはよかったと思っています。

わたしが高校を卒業して勤めた会社では、一般的な事務職でしたから、キャリア志向ではなかったし、何か仕事に活かせる公的な資格でもとって……という気持ちもありませんでした。そんなわたしでも、自分なりにターゲットを絞って、働きたいという意思を伝えたら、採用してもらえました。

「パート社員のほうが責任もノルマもないから、ラク」とそれまでは思っていましたが、でも、「自分の人生を自分の稼ぎでまかなおう」と決めたとき、契約でもいいから社員をめざしてよかったと思います。

あきらめずにじっくり就活すれば、きっと道は開ける。

責任とやりがい。
働くことってほんとうに楽しい。

化粧品メーカーで契約社員として働き始めたのは、同期入社で20代の男性社員と所長とわたし。たった3人の、スタート間もない営業所でした。

わたしが売ることになったのは、まったく無名のスキンケア商品。販路になるのは、チェーン展開しているドラッグストア。さらには百貨店の薬品フロアやバラエティショップの一角で、棚一段を使った売場を展開すること。

主な取引先になるドラッグストアへは、とにかく靴底やヒールがあっという間にすり減るほど、通いつめました。先行のブランドの商品が並んでいる棚に、うちの商品を置いてもらうにはどうしたらいいか。まずは取引先の化粧品担当や店長に商品サンプルを手渡し、商品の特長を伝えていきました。

営業所には女性はわたしだけという少ない人数だったので、肌診断やマネキン、クレーム処理など、なんでもこなしました。

少しずつ営業所にも社員が増え、活気が出てきました。できるだけ、目立つようにＰＯＰもみんなで手作りしました。

チームを組んでいた若手の男性社員は、ＰＯＰ製作にのめり込み、営業をおろそかにするほど、ＰＯＰ作りに余念がありませんでした。みんなでミーティングして、「目立つ色は赤と黄色」とか「商品イメージを押し出したやさしいピンクがいい」などと、長時間やりあったものです。

それでも、楽しかった。高校の文化祭か、体育祭の前夜みたいな結束感があって、身体はきつくても、ほんとうに達成感がありました。

そうこうしているうちに、わたしたちの営業所の成績が上がり、本社の人事担当から、「正社員にならないか」と誘われました。会社の慣例では、本人が申請して、適性検査をクリアしてから正社員に登用されるところ、会社のほうから打診されたのはうれしかった。

「会社はちゃんとわたしの働きを見ていてくれたんだ」と、これまでの苦労が報われたようで胸が熱くなりました。正社員になれば、ボーナスも実績で支給され、さまざまな手当てや退職金も出ます。年金などにも有利でしょう。もちろん、快諾しました。

わたしの仕事人生のなかでも、いちばん充実していたのは、この40代後半から50代前半にかけてだったと思います。

正社員になってからは、専任で入ってきた美容スタッフを指導することもありました。いまも、心に残っているのは、自社商品をもっと広く知ってもらうためのプロモーション活動です。

あるときは、自社商品のローションや美容液、クリームなどを使ったエステルームを展開したこともありました。郊外のドラッグストアの一角を区切った空間ですが、わたしがエステティシャンの講習を受けてディプロマをとり、施術する美容スタッフに指導していました。

本格的なエステになると、コースで数万円かかるところを、自社製品のP

ドラッグストアをまわるルートセールスのほか、自社製品を使ったエステを実施したり、販促のアイデアもいろいろ出しました。

Rをかねて、サンプル品を使うことで、実費だけ頂戴していました。ビタミンCやプラセンタを導入して一回1500円～2500円でしたから、これはお客さまにとても喜ばれました。

また、取引先への研修の資料を作るときも、成分をすべて調べて書きだして、写真を撮って画像もつけて、と。そういうことも率先してやりました。ドラッグストアは遅くまでやっていますから、勤務時間はあってないようなもの。残業という概念もなく、とにかく一生懸命でした。売れるということが達成感につながり、大変だけど楽しい、と毎日思っていました。

❖がんばってやればやるほど成果が上がる。仕事の醍醐味はこれ。

テレビを抱えて、地下鉄のコンコースを歩く。

老舗百貨店本店で商品を置かせてもらうようになったとき、定期的にお客さまの肌診断をして、サンプルをプレゼントすることになりました。肌診断のスコープと画面が必要でしたが、ノートパソコンがなかったので、14インチの小型テレビとマイクロスコープ機材を入れた大きな布袋をかついで地下鉄に乗り、その百貨店の薬品フロアに設置しました。

液晶とはいえ、その重さに足がもつれてしまうほど。なによりも、テレビをかついで歩くのは、気恥ずかしいもの。「どうか、だれにも見られませんように」と思いながら会社と百貨店の従業員通用口を往復していたのですが、偶然、息子に見られてしまったのです。次男が大学生だったころ。乗り換え駅だったらしく、友だちとコンコースを歩いていたら、大きな袋を抱えた母とすれちがったが、すごい顔でヨタヨタ歩いていたので声もかけられなかったと、あとで聞き、恥ずかしかったこともあります。

百貨店に出店したときは、閉店後に「何個売れました」と会社に報告しなければいけなくて。朝10時から夕方6時まで接客したのに、売上げゼロという日は正直に報告できず、「今日は自分で何を買って帰ろうか、お金ないのに」と、プレッシャーでした。

ドラッグストアをまわるのは、ルートセールスの仕事。首都圏の大手ドラッグストアチェーンがどこにあるのか、ほぼ把握していました。ドラッグストアは、閉店時間が早いところで20時、遅いところになると22時までやっているところもあります。わたしたち営業担当は、日中以外に閉店後も勝負。「おつかれさまです〜」と声をかけながら、自分の社の商品を目立つ場所へスペースを広く並べるのです。吊り下げPOPやポスターを貼るのも、閉店後の作業。朝早くから夜遅くまで惜しみなく働いたものです。

自分でも、なぜあんなにも頑張れたのか、と思い返しますが、食べていくためには「なにがあっても辞められない」というがむしゃらさがあったから、営業という仕事がつづけられたのでしょう。

もうひとつ、とても大きかったことは、わたしが自社の商品を心から素晴らしいと思っていたこと。近所の友だちに、「どんなにつらくても化粧品はいいよね、商品を愛せるから。肌の弱いたくさんの人の助けになれると思うとがんばれるよね」と励まされたこともありました。

平日はずっと取引先をまわり、土、日曜は自宅のパソコンで資料をまとめる日々。休みなく働いていて、きっとつらいことはたくさんあったと思うんですが、いまは充実していた日々が懐しく思えます。

✤何があっても辞められない。その気持ちを支えに。

なんと、所長に抜擢！
でも、自分には向いてなかった。

がんばれば結果が出る営業の仕事は、わたしの性格にも合っていたと思います。だんだんとうちの営業所の成績が伸び、部署全体の売り上げの5割以上になりました。

チーフになってからは、パワーポイントで販売企画の資料を作り、スライドにして本社の会議で発表する機会もありました。ドラッグストアの研修トレーナーもしました。

自分なりに営業のキャリアを積んでいくうちに、本社の人事担当者から「次の所長になりませんか」と打診されたのが、２０１１年1月のこと。認められたという喜び半分、所長として営業所の数字を管理し、部下を束ねるマネージャーの仕事もなんて、わたしにできるかしら？　と、不安が半分。

それでも、何事もやってみなきゃわからないし、やる前から「できない」と引き下がるのは、サラリーマンにはご法度。こうして、小さいながらも、都内の営業所の所長に就任しました。

所長になったあと、半期の決算はそこそこうまくいったのです。ところが次の3か月期に向けて、もう施策がない状態でした。最初の半期に飛ばしすぎたのです。

このころ、会社の体制も変わり、わたしの直属の上司になる部長も交代しました。前の部長とは、気心も知れていたし、うまくやっていけそうだと思っていたのに、新任の部長とは正直なところしっくりきませんでした。

そんな中で所長としては、毎月、本社の営業会議に出席、生産計画、予算、経費、人件費など、全体の動きを把握しなければなりません。苦手なエクセルに向かい、半期ごとの売り上げ見込み、経常利益など、数字の管理と書類作りに追いまくられたのです。

すぐに投げ出すわけにはいかなくて。必死でこなしていましたが1年が過ぎたころ、身体に変調が起ききました。精神的なストレスなのか、更年期なのか、めまいで起き上がることもできなくなりました。

数日後、近くの婦人科で診てもらうと、更年期と、さらに子宮がんの前がん状態だと、診断されました。

このまま身体に負担をかけつづけたら、取り返しのつかない大病になるかもしれない。仕事はまだ辞められないけれど、所長という役職は、降ろしてもらおう。チーフかヒラ社員に降格できないか、部長に相談することにしました。

それが2012年の3月のことでした。翌4月にはヒラの「営業所勤務」に、と辞令が下りたのです。所長だったのは1年と3か月間でした。

✤向いていない業務もある。冷静に自己判断して今後を考える。

56歳、もう正社員は辞めようかな。

こちらから望んでなった平社員とはいえ、これまで実績を残していたわたしを、あたらしい所長も無下には扱えないようでした。それだけにやりづらそうだったので、こちらも知らずと気を使うようになりました。

所長だった1年3か月の間は、数字と書類作りに追われていたので、これからは、また前みたいに現場に行ける。自分が育てた店をまた担当できる。思いっきり好きな仕事ができると思っていたのに、それは短い期間でした。

半年後のある日、またしても身体に不調を感じたのです。外回りの途中、右脚がピリピリ痛くなり、乗り換えの東京駅のホームのベンチにへたり込んでしまい、歩くのがやっとでした。

全身が鉛のように重く、痛くて力が入らない。自分の身に何が起こったのか、わからずに怖くなりました。会社に早退の連絡をして、近所の病院を受診。診断は帯状疱疹《ほうしん》でした。

ストレスや身体に負荷がかかると免疫が落ちて発症するという病気で、これは何かのサインだと気づきました。たぶん、かなり無理をしていたんだと思います。

所長を降りたものの、会社での居心地がどんどん悪くなっていました。わたしのことを気づかってくれた社長が交代して、新体制になったことも影響していたと思います。

帯状疱疹は1か月で治りましたが、ぶり返しては困る。自分はいろんなことをやってこられたし、潮どきかもしれない。ふと、「もう会社を辞めてもいいかな」という思いがわいてきました。

❖自分の気持ちと身体の反応を確かめ、素直に従う。

第 2 章

一念発起。57歳からのキャリアダウン

貯金には手をつけたくない。
基本の生活費、12万円分を働くと決めて、
パート勤め先を探す。
果たして仕事は見つかるのか。

46歳で買った小さなマンション。住むところさえあればなんとかなる。

別居して初めて住んだのは1K、水道費込みで6万2千円のアパートでした。その部屋には寝に帰るだけだったので、それで十分でした。とはいえ、子どもたちが遊びに来るには手狭だし、キッチンも小さくて。正式に離婚した後、2DKぐらいの賃貸マンションを探していました。

そんなとき、子どもたちの小学校のPTAで知り合い、いまも仲良くしている友だちから「こんなチラシが入ってたよ」と分譲新築マンションを勧められました。持ち家なんて考えたこともなかったし、「そんなの無理」と断ったのですが、友だちも退《ひ》きません。住宅ローンの返済プランは、月々6万5千円でボーナス払いを合わせて、35年ローンが組めると書いてあり、

販売価格は2千万円をわずかに切っていました。

1年前に正社員になったことだし、これならわたしにも手が届くかもしれない。そう思いなおして、モデルルームを見学にでかけました。

見せてもらったのは、低層階フロアの1LDK。トイレとバスタブをかねたユニットバスだったのが気になって躊躇《ちゅうちょ》していると、販売担当者が「高層階なら、まだ工事前なのでバスとトイレを分けられますよ」と言ってきました。

フロアが上になると100万円以上加算されるので、断ろうとしましたが、相手から「こんないい物件ないですよ。いまなら、キャンセルが出たオプションのフローリングを付けます」と、譲歩されて、手付金を入れて申し込むことになりました。頭金に入れたのは100万円。契約や入居にかかる諸経費は母から60万円援助を受け、自分の手元に200万円は残すことにしました。通帳の残高がそのくらいあると安心なのです。

35年の住宅ローンの借り入れは、簡単にはいきませんでした。不動産販売会社の社長が一緒に金融機関をまわってくださり、3か所目でようやく決まりました。

それがいまも住んでいる部屋です。シングルかディンクスのカップルが暮らす間取りで、窓からの採光がたっぷり。あのとき、チラシを持ってきてくれた友だちは、命の恩人といったら大げさになりますが、それに準ずるぐらいに感謝していています。なぜなら、持ち家があるかないかでは安心感が全然違いますから。

この部屋があるから、「住むところはあるし、たとえ貯金が尽きても、ここを売れば当面の生活費はまかなえる」と、心のゆとりになっていると思います。

住むところがある、という安心感は、何物にも代えがたい。

ボーナスはローン返済と学費に。でも最後には、貯金もできた。

45歳で正社員になってからは、夏と冬、業績によっては期末、年3回ボーナスをいただきました。身を粉にして働いたご褒美ですが、わたしが自由に使ったのは、端数だけ。たとえば、多くもらえる冬のボーナスで42万3千537円支給されたら、わたしが使うのは2万3千円だけで、残りには手をつけませんでした。

そのお金から住宅ローン12万円を支払い、半期ごとに子どもたちが通う大学の学費を振り込みました。

最初の1、2年分の学費と入学金などは元夫が支払ったのですが、途中で払えない状況になり、息子が退学しようか悩んでいたので、「おかあさんが何とかするから」と、子どもたちの学費も途中から負担することになったのです。わたしは高卒だったので、子どもたちにはせっかく入った大学を退学してほしくなかった。長男も次男も予備校には行かず、参考書だけ買って、必死で勉強していたのを知っていたので、何としても卒業させたいと、母の助けも借りてわたしも頑張りました。

それでも、学費を振り込むときは、桁を数えて手が震えたのを思い出します。

子どもたちが大学を卒業し、学費の支払いがなくなってからは、住宅ローンの繰り上げ返済に励みました。わたしがマンションを買った当時は、価格が底値だった代わりに、ローンの金利が変動で高く設定されていて、長く借りると損することになるからです。また何歳まで働けるかわからない。80歳すぎまで、ローンを払えるわけもありません。

元夫の父が亡くなり、遺産相続がありました。長男が「おかあさんも苦労したんだから」と元夫に遺産をわたしにも分けるように話をしてくれたので す。慰謝料のかわりだと思い、ありがたくいただきました。その遺産を繰り上げ返済にあてたときから、勢いがつきました。収入の半分とボーナスごとに返済を加算して、56歳で住宅ローンを完済できました。購入から10年で、返済できたことは、自分でも本当によく頑張ったけれど、運も味方してくれたようで、ありがたいと思います。

同時に、老後資金の貯金も額を増やすようにしました。ボーナスは相変わらず端数しか引き出さずに、まとまった額には手をつけない。月々のお給料は、半分近くを先取り貯金して、残ったお金で生活していました。

60歳の誕生日月から、企業年金がもらえます。それまでは何としても、節約して貯金をしようと決めました。

住宅ローンの繰り上げ返済は、できる範囲でがんばって正解。

定年まで3年。退職金は半分になるけれど。

13年間、平日も週末もかまわず働きつづけた会社ですが、未練はありませんでした。自分の中で「もう、やることはすべてやった」という達成感も感じていたし、しがみつく理由もなかったのです。

定年まで残り3年を切っていましたから、もうちょっと我慢すれば、退職金は満額もらえることはわかっていました。

それまで働けば、65歳の国民年金支給開始まで、もっと貯金もできて、なんとか暮らせるかもしれません。でも、もうこれ以上、身体に無理をかけ、ストレスが貯まっていく心に、見て見ぬふりはできなくなったのです。13年間全力疾走した疲れと、所長に抜擢《ばってき》されてからの日々のストレスを考えると、もう限界でした。

少しだけ休息して、また歩きだすために、必要なのは気力と体力、そして金銭的なゆとりでした。幸いにも、住宅ローンは完済していたので、住むところは確保できていました。息子たちの教育費やそれにまつわるローンもありません。何よりも、老後を視野に入れて貯金を始めていたことが大きかったと思います。

退職を考えるきっかけになった帯状疱疹は、発症から時間が経たずに治療を始められたことで、比較的軽症ですみました。それでも、完治まで1か月かかりました。

健康的な生活をしながら、貯金に手をつけず暮らすには、どうすればいいのか。自分なりに考えを巡らせていました。

再出発に必要なのは気力と体力。無理し過ぎはだめ。

60歳になれば、企業年金が5万円もらえる。

そろそろ潮どきかな、と感じたとき、その直感に素直に従えたのには、いくつか理由がありました。先にお伝えしたように、住宅ローンを完済して、借金はない。半分でも退職金は入る。貯金も少しは手元にある。それに加えて、あと3年待てば、企業年金がもらえることがとても心強かった。普通の老齢年金は65歳からですが、企業年金は60歳からなのです（今後は段階的に支給開始年齢が引き上げられるようですが）。

パート時代の4年間と、会社員時代13年間を合わせて、毎月約5万円になります。ここまでは、なんとか頑張っていこうと前向きに考えられました。

老後の資金は、いくらあれば安心かと問われると、なかなか答えられないもの。だから不安が募ると思うのです。

わたしは、「企業年金支給まであと3年」と、目安ができたことが「いま、退職しても大丈夫」と背中を押してくれたように感じました。

それまで家計簿をつけていたので、わたしには月12万円の生活費があれば暮らしていけることがわかっていました。その割り振りについては、あとのページでくわしく紹介したいと思います。

月12万円と決めてしまうと、やりくりはとてもシンプルになりました。12万円を確保しながら、できるだけ貯金を取りくずさないために、どうしたらいいか、退職届を書く前に、じっくり考えました。2か月分の有給休暇も残っているし、このあいだに準備ができると心は晴れやかになりました。

❖入るお金と出るお金のバランスを、冷静に計算する。

週5日働く、フルタイムのパートを探して。

56歳の終わりごろに13年間お世話になった化粧品メーカーを辞めようと心を決め、2月下旬の誕生日をはさんで、57歳と1か月、2013年3月末日付けで退職日を迎えました。

会社を辞めると決めたら、未消化の有給休暇をすべて使いきることにしました。2か月分40日まるまるあったので、ゆったりした気持ちで運動がてら散歩したり、図書館に通いだしたのもこのころです。ただ、その間もぼんやりすごしていたわけではありません。

まずは基本の生活費として設定した月12万円をどうやって稼ぐのか。もう、時間の拘束が長くて責任が重い正社員には戻りたくない。しかもこの年齢で正社員の仕事はないだろう。それははっきりとしていました。とはいえ、週に4日程度、6時間ぐらいのパートタイマーでは、とても12万円には届かないでしょう。

9時から5時、もしくは10時から6時で、週5日のフルタイム勤務ができるところがいいと、漠然としたイメージから自分なりに絞っていきました。

このころには、就職雑誌や転職WEBサイトもありましたが、60歳直前のシニア世代の求人がそろっているのは、やはりハローワークだろう。

ハローワークに初めて出向いたのは、有給休暇をとっていたときのことです。最初は、雇用保険の失業給付をもらうことも考えましたが、自己都合の退職の場合、退職日の3か月後からしかお金はもらえません。その期間がブランクになるのは、50代後半では不利になるだろうと考えて、ハローワークの求人をこまめに見てまわり、条件を入力して検索してみたのです。

57歳の女性を週5日フルタイムで働かせてくれるところはあるのだろうか。年齢を考えたら、望むような仕事の求人はほとんどないかもしれないと予想していました。ところが、コンピューター端末で検索してみると、意外にも一般事務、営業事務販売員など、さまざまな業種、職種の求人情報がリストアップされました。

「これなら、わたしを雇ってくれる会社があるかも」と、所長から降格して以来、すっかり失くしていた仕事への意欲がもどってきました。

有給休暇中は求人に応募できないので、どんな会社があるか調べてメモしたり、給与や時給などをチェックして、わたしなりに退職したらすぐに応募しようと準備を始めていました。

幅広い求人の状況がわかる、ハローワークは役に立つ。

譲れない条件を、書きだしてみる。

漠然と職探しをしても、遠回りになると思い、わたしなりの「譲れない条件」をリストにして書きだしました。

①　週5日、フルタイム勤務
②　時給を月給に換算して手取り12万円以上
③　社会保険に加入できること
④　数字のノルマがないこと
⑤　内勤希望
⑥　勤務地は自宅からドア・トゥ・ドアで片道30分程度

　このように書きだすことで頭が整理されてきました。この条件をもとにして、ハローワークの求人を見ていくと、いくつか「これはいいかも」という企業がリストアップできました。

　わたしの場合、年金受給までの3年間、12万円の基礎生活費を稼ぐとはっきりしていたので、必要な分だけ働ければいいと、シビアに考えられたのです。

　もちろん、お給料がたくさんもらえるのはありがたいですが、その分、体力的にきつかったり、責任やノルマがきびしいと、わざわざ正社員を辞めた意味がなくなってしまうので、そこは譲れませんでした。

　あとはこれまでずっと、営業職で外まわりばかりだったから、内勤業務を希望していました。

　もうひとつ、見逃されがちなのが通勤にかかる時間です。パートタイマーは時間給なので、通勤タイムも時給に含まれてしまいます。遠くては割が合わないし、あまりに近所では「仕事」と「プライベート」の切りかえがつけづらいので、最寄駅から電車で10分ぐらいまでの距離が理想でした。自宅から自転車で通える仕事先もいいな、と思って探したこともありましたが、雨の日のことを考えたり、また通勤の、おしゃれも楽しみだったので、電車通勤であることも、条件のひとつにしました。

56、57歳は、まだ定年の60歳まで数年あるので、「シニア枠」扱いはされずにすみました。そのおかげか、求人の業種や職種に幅があって、びっくりしたぐらい。満額の退職金にこだわって、定年まで待っていたら、シニア枠になり、求人はもっと限られていたかもしれません。

そういう意味でも、56歳で決断してよかったな、幸運だったな、とふり返ってしみじみ思います。

✤頭で考えるだけでなく、箇条書きにする。

57歳で、人生初の制服勤務。

ハローワークの求人に応募して採用されたのが、呉服問屋の営業事務アシスタント職でした。時給は低かったですが、他は条件に合っていました。最初に担当になったのは、和装の補正下着や肌着、腰ひも、帯締め、足袋などの和装小物全般でした。

5月の初出勤の日、着替えをする更衣室で手渡されたのが、クリーニングされた制服の上下。キュロットスカートとベストという服装に、「えっ、これを着るの?」と、戸惑ったのを覚えています。

これまで、黒のパンツスーツか、膝上のタイトスカートとジャケットというファッションで、営業の仕事をこなしていたので、57歳にして初めて着る制服に気恥ずかしくなりました。いや、そんなことはどうでもいい。もう、チーフでも所長でもないんだし、今日からわたしはパートとして働くんだから、制服を着こなそうと真面目な気持ちになりました。

ここでは、パート歴数十年の60代女性たちも、同じ制服でした。働き始めると、この制服は案外悪くないのです。

呉服問屋の仕事は、仕入れ先から入荷した千点以上ある商品を、販売店からの注文書に応じて、選んで運び出し、伝票につけて梱包して配送準備をする、というもの。ダンボールを扱ったり意外と力仕事的なこともするので、制服があったほうが断然便利。フロアにある棚を品番を見ながら探すときも、動きやすいし、汚れるのを気にしなくていいので。

更衣室で制服に着替えるのは、人生初でしたが、いまでは、すっかりなじみました。

✤新しい環境にとまどっても、すぐに慣れる。

着物に興味がなかったわたしでも、仕事だったらがんばれる。

パートで呉服問屋の仕事を始めるまで、着物には興味もなく、用具の名前もまったくわかりませんでした。最初に配属された和装小物全般から、人が足りないからと、子どもの着物と小物の部署に移りました。

今まで余裕もなく着付けを習ったこともなければ、着物を着ることもありませんでした。子どもは2人とも男の子で、七五三のときもレンタル衣装ですませていたので、子どもの着物にまったく知識がなかったのです。

「志古貴」という帯まわりに使う房のついた小物すら、「それ、なんですか？」と聞いてしまうぐらい。それでも、知らないのは恥じゃないし、知ったかぶりをしてミスをしては申し訳ないので、わからないことはどんどん質問しました。

着物は奥が深くて覚えることもたくさんありますが、たとえ興味のない分野でも仕事になれば大丈夫。50代半ばを過ぎると、あたらしいこと、自分が知らない分野に入っていくのは難しいと考えがちですが、これも勉強。知らなかったことがわかる、いい機会になりました。

わたしのように、正社員からキャリアダウンしてパートタイマーになるときは、初心に戻りまったくあたらしい分野のほうが、知識がじゃますることなく素直になれ、かえってうまくいくのかもしれません。

いまも、毎朝、更衣室で制服に着替えると、「さあ仕事だ」と気持ちが切りかえられます。

まったく新しいジャンルの仕事のほうが、意外とうまくいく。

職場でうまくやるコツは、ベテランと仲良くすること。

パート勤務先の呉服問屋には、長年その職場で働いている60代の女性たちがいました。同じパートタイマーの立場でしたが、入社したときにごあいさつすると、気さくで面倒見のいい人たちでした。

苦手意識を持たずに、できるだけ感じよく話しかけたり、わからないことを教えてもらううちに仲良くしてもらえるようにもなりました。

女性同士のやりにくい面を心配していましたが、それよりもわたしがとまどったのは、直属の上司から「パート扱い」されたことでした。わからないことを質問すると、「パートさんはそんなこと知らなくていい。ぼくがお願いしたことだけをやっていて」と返されて、くじけそうになったこともありました。

ついつい営業職時代の気持ちで、「このほうが効率が良いのではありませんか」と提案しても、疎ましそうにされたりもしました。その職場にはそこで長年培われたルールや、やり方があるのに、新人パートがそれを打ち消すような発言をすれば、うまくいくはずはなかったのです。

たとえば、これだけＩＣＴ化が進んでいるのに、なぜか注文はファクスで送られてきたり、毎月締め日には営業担当者がわざわざ集金に店をまわったりしていました。

でも、それにも、意味があることをわたしは知らなかったのです。どんなに少額の取引でも、古いしきたりを守り店に出向くことでコミュニケーションが生まれる。それも職種を変えパートになってわかったことでした。

苦手意識を持たず、積極的に職場の人とコミュニケーションを。

「あなたがいてくれてよかった」。仕事はお金のためだけじゃない。

57歳で働き始めた呉服問屋は、わたしが62歳のときに廃業しました。これからまた仕事を探さなくてはならないと不安になりましたが、そのあと、同じビルに入っていた同業他社が廃業した会社の社員を一部再雇用してくれることになったのです。

とはいえ、パートタイマーのほとんどは雇ってもらえなかったのですが、わたしは子どもの着物を扱う部門にいたので、新会社に誘われました。新会社では時給が上がり、月の手取りが10万円から12万円に上がりました。企業年金の支給は始まっていましたが、2万円増えたことがどれだけありがたかったことか。最初のころは「子どもの着物全般について覚えることがたくさんあって、大変だな」と心のうちで愚痴っていたことを申し訳なく思いました。

子ども着物専任だったからこそ、すっかり覚えてなじんだ仕事を手放さずにすんだのですから。

七五三の着物は、両親よりも、おばあちゃんが孫に買って贈ることが多く、各呉服店にとっても、主力ではないものの、確実に売れる商品です。かつては七五三の11月15日前後に集中したそうですが、写真館と提携して早撮りするところもあり、いまは年中にぎわっています。

たとえば「7歳、赤系の着物で古典柄、合わせる帯も」という注文がファクスで入ったら、わたしは「ばあばになったつもりで」女の子の着物をコーディネートして、一式を呉服屋さんに配送する準備をします。

パートとはいえ、ある程度仕事を任せてもらえるので、やりがいは感じています。

あれは4年前の初夏のこと。妹と一緒に、ずっと憧れていたパリに旅行し

コーディネートを考えるのは、洋服と同じように楽しい。

ました。1週間の休暇をもらって出かけたのですが、帰国して出社してみると、わたしの机にさまざまなメモの類が置かれてありました。

そして、「ショコラさんがいないと困ったよ。ありがたみがわかった」と上司が言ってくれたのです。「パートは必要なこと以外は知らなくていい」と言った上司が、です。

このとき、仕事はお金のためだけじゃないんだな。まわりの人に「あなたがいてくれてよかった」と思ってもらえることだとわかりました。そして、社会とつながれることも、大事です。

そろそろ週休3日へ、シフトダウンしてもいいかな。

週5日のフルタイムでパートとして働き始めたのが57歳の5月のこと。その後、同じビルの同業他社で働くようになりましたが、時間は同じ朝9時15分〜17時15分まで。月曜から金曜まで週5日出勤していましたが、1年が過ぎたころ、どうも身体がきつくなってしまったのです。週末になると疲れがたまり、家でごろごろすることが増えました。

63歳になっていたので、そのころには企業年金を月に均《なら》すと5万円ぐらいもらっていました。これなら、週5日で手取り月12万円もらっていたところを、週4日にして2万円減収しても、企業年金でカバーできます。

さらにその1年後には、コロナ禍で緊急事態宣言などがあり、会社の就業時間が一時期10時から16時に短縮されたのをきっかけに、そのままの勤務時間に変えてもらいました。

10万円からさらに8万円弱に減りましたが、案外これは64歳のわたしにはちょうどいい働き方でした。

まずは週5日のフルタイムから、1週間の真ん中の水曜日を休みに決めて週休3日、週4日勤務に減らしました。とはいえ、わたしが受け持つ一日の仕事量そのものは変わらないので、勤務中は気持ちを集中させて、大変な時は昼休みも削り、忙しく立ち働いていますが充実しています。

週末のすごし方も、小旅行や食事会などは、できるだけ土曜日に予定して、日曜日はのんびりと家で読書したり、ネットショッピングしたりして安息日にしています。週の真ん中の水曜休みには、病院に行くなどメンテナンスの日にあてます。

無理せず、必要な金額の分だけ、体力に合わせて働く。

第 3 章

生活費12万円でも「余裕」の秘けつ

12万円でほんとうに大丈夫？
これが意外とやりくりできるんです。
決め手は、いつでも使える「予備費」と、
心の安心のための「貯金」。

念願の企業年金5万円。これがあるとないとでは大違い。

企業年金は、パート時代の4年間と、13年間勤めた化粧品会社がかけてくれていました。合わせて月ごとに均すと5万円くらいになります。

これがどれだけありがたいことか。製薬会社に1年、日用品を扱う会社に1年半、それまでは社会保険に加入するほど働いていませんでしたが、最後にパートとして働いていた外資系化粧品メーカーには、別居後も合わせて9年間お世話になったのです。

外資系だったせいか、初めてパートを採用したせいか、当初は日本国内の社会保障制度などが整備されていませんでしたが、若かったし知識もなく気にしていませんでした。働き始めて4、5年たったころに、新しく入ってきた人が、そういう労使関係に強い女性で、セールス会議やミーティングでも、仕事のことよりも、「雇用保険と厚生年金に加入していないのは、おかしい」と何度も会社に直訴してくれました。そのおかげで、フルタイムのパートだったわたしも、4年間分は厚生年金に加入できたのです。幸運でした。30年後の今、彼女の勇気と行動力に心から感謝しています。

そのあと43歳で契約社員として就職した小さな化粧品メーカーは、当然、厚生年金に加入できていました。2年後に正社員になった期間と合わせて57歳で退職するまで13年間掛け金を払ったことになります。営業所は東京都内にありましたが、本社が関西地方だったので、近畿化粧品組合から企業年金が支払われ、パート時代の分は、東京化粧品協同組合からになります。

企業年金は働いていた会社がかけるものです。国民年金を10年以上納めていれば、プラスしてもらえる仕組みになっています。この企業年金の月5万円があったからこそ、定年前の57歳で退職しても、なんとかやりくりできそ

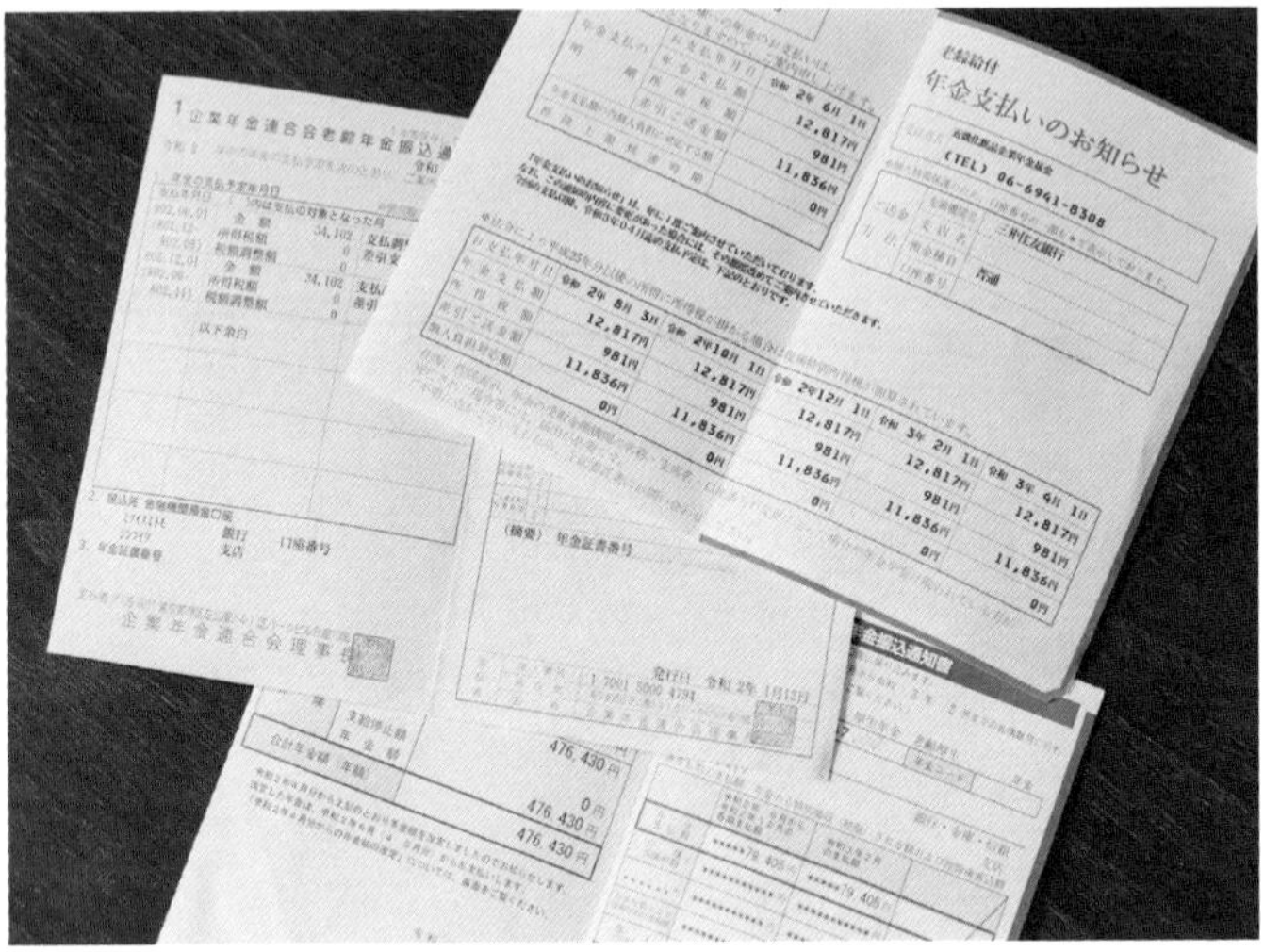

50代のころから「ねんきん定期便」はがきをチェックしていました。企業年金の支払い通知も毎回届きます。

うだと見通しが立ちました。これがなければ、退職金を満額もらえるまで、と会社にしがみついていたと思います。

そういう意味でも、この企業年金の存在は、シングルのわたしにとっては救世主。誰にも頼らず暮らしていくことの支えになっています。

老後にいくら必要か。世間の情報には耳を貸さない。

「老後資金に2千万円必要とか、いや、もっといる」などと、ニュースでも騒がれていましたが、ほんとうのところはどうなんでしょう。わたしはひとりだし、老後にいくらかかるか、興味はありますが、人は人。ライフスタイルも違えば、健康かどうか、どこに住んでいるかによっても、まったく違うのに、一律で2千万円必要とか。そんなあやふやな情報には耳を貸さないようにしています。

わたしはわたし。もちろん老後の備えは必要だと思いますが、わたしの場合は、住む部屋もあるし、住宅ローンなどの借財もない。毎月の生活費は12万円でやりくりしようと決めているのでとても気持ちがラクなんです。

いまはパートを週休3日、10時から16時の時短で働いているので、毎月の給料は手取り7〜8万円ぐらい。そこに企業年金を足して12万円にはなるので、生活費はまかなえています。

とはいえ、いまは予備費から出している分と、今後病気やケガをしたときのために、まとまったお金が必要になります。わたしの場合、不足分を見積もって毎月2万円×12か月×20年とおよそ算出して、正社員時代と退職金の半分を老後資金のために貯金はしていました。

65歳で老齢年金がもらえるようになれば、いまの生活費とほぼ同額になります。そこから計算したら、このままシンプルな生活をつづけている限り、なんとかやっていけそうです。

すぐにパートを辞めるつもりもないので、そのお給料は、まるまる貯金できるかもしれません。

無理しないですむ金額を決めて、少しずつでも貯金する。

「予備費」を作るのが、自分らしいやりくりの秘けつ。

わたしは、毎月の生活費や貯金とは別に「予備費」を用意しています。57歳で退職したときにもらった退職金の半分は貯金に、もう半分を「予備費」と決めていつでも自由に使えるように待機させています。

この予備費があると、月々はぎりぎりの生活費でやりくりしていても、心にゆとりができて節約も苦にならずにできるのです。

フルタイムのパートで月に12万円以上のお給料のときは、60歳からもらっていた企業年金分は、この「予備費」にストックしていました。

この予備費の使い道は、家電製品がこわれたときの買い替えや、水道管のバルブが外れて水漏れしたときの修理、差し歯のメンテナンスなど。ふだんの生活費ではまかなえないときに、ここから出すことにしています。

急な出費以外でも、旅行にでかけたり、お中元やお歳暮、お年玉、親しい人への誕生日プレゼントなども、予備費を使います。

この予備費があることで、いつものシンプルな暮らしに、ささやかな贅沢《ぜいたく》がプラスされます。なくてもいいけれど、あるとうれしいもの。ふだんは質素な暮らしでも、交際費やたまの旅行や、ちょっと値の張る買いものをあきらめたくない。そんなときこそ、予備費を有効に使います。

手をつけない「貯金」と、自由に使える「予備費」を分けておくことで、少額ずつ貯金を取りくずさないから安心です。

予備費があると、心の余裕が生まれ、節約も楽しくなる。

大きい買い物は、予備費から。
貯金には手を付けません。

生活費12万円の支出は、2つの財布を使って現金主義で。

57歳でパート勤務を始めたときは、手取り10万円ほど。内訳は水道、光熱費、通信費、マンションの管理費や修繕積立金、固定資産税の月割り分など、それらを合わせて固定費として5万円。食費1万5千円、そのほか3万5千円と、ざっくりと分けました。この10万円の生活費はやはりきびしく、赤字になる月が多かったのですが、3年後に企業年金が入るようになり、また会社が変わったことで、手取り12万円になりました。固定費6万円、食費2万円、その他4万円にして、やりくりできるようになりました。

食費2万円のなかには、たとえば友だちと外食したり、息子と食べ歩きに行くときの食事代は入りません。これは「そのほか」の4万円から。同じ外食でも、仕事の帰りに1人でふらりと喫茶店で夕食を食べたときは、食費に計上します。細かなことですが、誰かと一緒に会食したときは楽しい娯楽費なので「そのほか」で、日々のことは「食費」と線を引いています。
「そのほか」の費用には、外食以外、服を買ったりトイレットペーパーや洗剤などの消耗品から、化粧品や美容室、季節の切り花など、さまざまな生活雑費が入ります。

細かなルールのように見えて実はざっくりしていて、やりくりがひと目でわかるように、固定費は引き落としの口座に残し、現金は財布を「食費」用と、「そのほか」用との2つに分けています。

黒いコンパクトな革財布には、毎月初日に4万円入れておきます。キャメルの財布には同じように初日に2万円入れて、その月のやりくりをスタート。ふだん持ち歩くのは黒の財布1つで、食費用の財布は家に置いています。

たとえば、駅前のスーパーで食材に2500円使ったとします。家に帰ってから、その使った金額分を食費用の財布から黒財布に移すのです。そうすることで、月半ばぐらいになると、「今月はちょっと使いすぎだな」とか「余裕があるから、ストックできる冷凍食品を買っておこうか」と、自分なりに計画できるのがいいところです。

このやり方で、これまで予算をオーバーしたことはほぼありません。お財布に入れておくと、残りが見えるので、減らしたくないな、と思えるのがいいのでしょう。

月末に財布を確かめて「きびしいな」と思ったら、好きなお菓子を買うのをひかえたり、冷凍庫と冷蔵庫のストックだけで料理したり。毎月だいたい少し余るので、それは翌月に繰り越します。いまはキャッシュレス決済がお得、といわれていますが、わたしには2つのお財布でやりくりするのが、合っています。

お金が見える状態だと、自然に無駄遣いがなくなる。

半分に折ったお札とカードが4枚。L字に開く黒いイタリアンレザーの財布は「ドンテポーナ」。食費用のキャメル色の財布はライティングデスクが定位置で、持ち歩かず、使ったら補充します。

光熱費はときどきチェックして、ブログで公開。

固定費の中でも季節によって流動的なのが、水道光熱費です。別居してすぐに暮らしていた1Kのアパートは、水道代込みの家賃だったので、気にならなかったのですが、いまの1LDKの部屋はバスタブが大きいのです。毎日バスタブにお湯を張ると、水道代もガス代も跳ね上がってしまうので、ふだんはほぼシャワーだけにして、湯を張るのは冬の寒い日やお休みの日にゆっくりできるときの、リラクゼーションタイムにしています。

水道、ガス、電気の光熱費は、月にいくらかかったか、請求額と使用料をブログでときどき公開しています。この「光熱費公開」は、読者からの反響も大きく、節約の知恵をコメントしてくださる方もいて、とても勉強になります。

季節によってでこぼこはありますが、だいたい合わせて予算通り月1万円以下におさまっています。

ときどきブログで光熱費を公開することで、節約する励みにもなるし、やりくりの記録にもなるので、これからもつづけていこうと思います。

こまめに電気を消して回るのも節電、節約ですが、どれだけ使ったかを把握しておくことが、決められたお金の中でやりくりするときには、モチベーションになります。

細かな数字をメモしなくても、お金の流れをつかんでおこうと、心がけています。

光熱費の金額は必ずチェックして、節約の参考に。

家計簿はもういらない。でも、〝買ったもののメモ〟は残す。

わたしは結婚していたころから、家計簿をつけていました。それは掃除や料理を作るのと同じ。家事のひとつだと思っていて、どんなに仕事で疲れていても、必ずその夜のうちに、です。

実家の母が、大学ノートに毎晩細かく家計簿をつけていたのを見ていたから、わたしも自然にそうなったのでしょう。それは42歳で別居してからも、ずっとつづいていました。

家計簿を40年近くつけてきてよかったな、と思うのは、だいたいのお金の流れや、自分のお金の使い方のクセがわかること。正社員を辞めてパートになっても、まだ家計簿をつづけていましたが、いまから2年前に週5日から

メインバンクは、18歳で就職したときから同じ三井住友銀行とゆうちょ銀行の２つだけ。クレジットカードはビュー・スイカにJCBが付いたもの。金融機関とクレジットカードを整理してお金の流れを「見える化」。

週4日勤務にシフトダウンしたときに、思いきって家計簿はやめました。

それはもう細かくつけなくても、月に12万円でやりくりして暮らせることがわかったし、貯金をくずさずに済んでいるからです。お財布2つで管理しながら、ときどき予備費を使ってささやかな贅沢をする。そんなわたしの暮らしには、家計簿をつけてもつけなくても、変わらないでしょう。だったら、その時間に本を読んだり、のんびりくつろぐほうがいいと思ったのです。

とはいっても、何に使ったのか、何を買ったのか、いつの間にかお金がなくなるのはイヤなので、服やバッグの値段や交際費、どこでいつ使ったかだけ、簡単にメモをするようにしています。品目とか、トータルとか気にしないで、ざっくりと。自分があとで見たときにわかる「備忘録」のようなものです。

ダイソーで売っているお小遣い帳に何年も前からメモをしています。

また、お金の流れがわかりやすいのは、クレジットカードを最小限にしていること。金融機関も結婚前から口座がある三井住友銀行と、ゆうちょ銀行の2つにしているからでしょう。

給料や企業年金などが振り込まれるのは三井住友銀行にしていて、公共料金の引き落としも同じ。まとまった貯金はゆうちょ銀行に。いくつも口座があると煩雑になりがちですが、貯める口座と、流動性のある口座を別にしておくと、記帳すればひと目でわかります。

わたしがいつもバッグに入れているお財布には、2つ折りの紙幣、区立図書館の貸し出しカード、ドラッグストアとワオンのポイントカード、Tポイントカードがついたヤフーカード、免許証と保険証が入っています。銀行のキャッシュカードは持ち歩いていません。だから、とっても薄いと、人に見せると驚かれます。

通勤には定期券に、クレジット機能の付いたビュー・スイカカードを使っています。愛用しているルイ・ヴィトンのカードケースには、スイカと何かのときのためにテレフォンカードと千円札が一枚。

カードケースやお財布がクレジットカードやポイントカードでぱんぱんに

ふくれている人を見かけますが、ほんとうにいるものだけにして、あとは整理すると、自分がいくら持っていて、毎月いくら使っているのか。いくらまでなら、使ってもいいのかが、わかりやすくなると思います。

試行錯誤の結果そうなりましたが、独身時代はクレジットカードで限度額いっぱいショッピングしたこともありました。いまはネットショッピングでクレジットカードを使いますが、すぐに財布から使った分の現金を抜いておき、まとまったら引き落とし口座に入れて、お金の流れがわかるようにしています。

お金の流れをシンプルにして、全体を把握しやすくする。

欲しいもののリストを作って、衝動買いをセーブする。

ソニア・リキエルの折りたたみ傘、カシミアのセーター、丈65センチのコート、真珠のピアス（18金でチャームが揺れるタイプ）……。

これはわたしがスケジュール帳のメモページに書いている「欲しいもののリスト」です。買いたいものを衝動買いしないように、いったんリストに書き入れることで冷静に考えられます。

ファッションも大好きで、ヴィンテージの北欧家具や雑貨にも興味があるので、インテリア雑誌、WEBページを見ていても、「あ、これ欲しい！」と物欲がむくむくとふくらみます。さすがに買いたいものをすべて買っていたら、たとえ予備費があっても、お金がなくなってしまうでしょう。

そこで、欲しいものに出会ったときは、スケジュール帳を開いて、さっそくメモ。ブランドや品番、色や素材などをできるだけ細かく書いておいて、あとはメルカリやヤフオクで出品されていないかチェックします。

たとえ、イメージにぴったりのものがメルカリで見つかっても、すぐに買いません。まずは「いいね」をチェックしておき、少し日にちを置いてから、まだ欲しかったら、もう一度ページを見ます。

わたしの欲しいものリストには、買ったものには「☑」を入れ、時間がたっていらないなと思ったものには「×」をそれぞれ冒頭につけます。その後、どこでいくらで買ったのかをメモしておき、これからのショッピングの目安にします。


ふだんはシンプルに、質素に暮らしている分、使うときは私なりに思いきって使います。服は生活費で買いますが、たまに買う素敵なバッグやピアスは予備費から使います。

ここ数年愛用している基礎化粧品の「箸方化粧品」も、送料無料になる8千円分以上をまとめて買うので、ふだんの生活費で予算オーバーになることも。そのときは予備費から出します。お中元お歳暮、妹や母、叔母、親友の誕生日などには、鉢植えのお花やコスメ用品をプレゼントしたり、慶忌費も、予備費を使っています。

また、年に数回の一泊旅行や日帰り小旅行、何年かに一度の海外旅行も、予備費から予算を組んだので、贅沢ではなくても楽しい旅が楽しめました。旅先ではおいしいものを食べ、想い出になる自分へのご褒美も買います。

4年前にパリに旅したときは、ひとめ惚れしたクッションカバーを買いました。いまもソファに置いていて、パリの街並みを思い出し、高かったけれど買ってよかったと思っています。

❖本当に欲しいものにお金を使うと、満足度が高い。

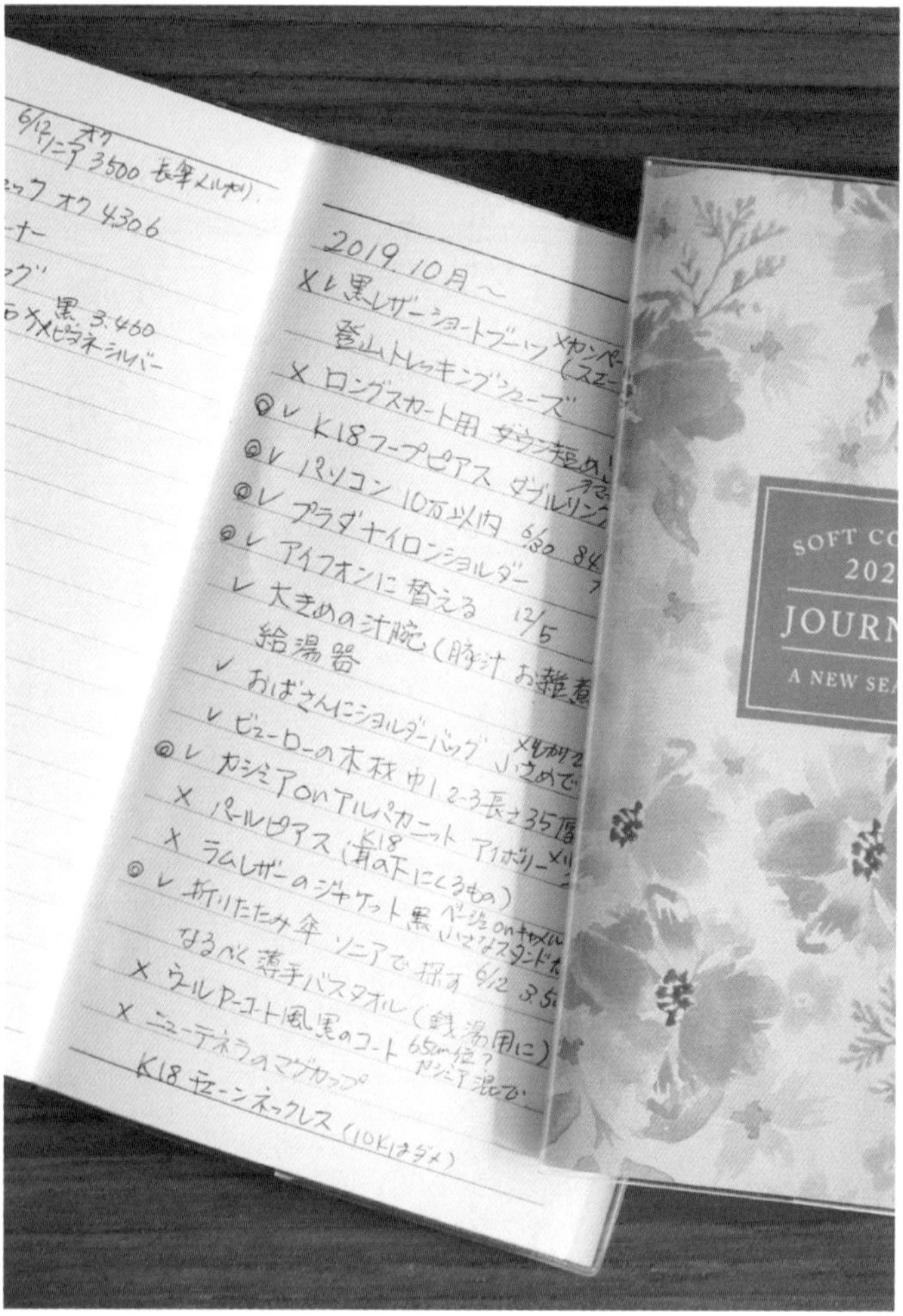

スケジュール帳に「欲しいものリスト」をメモしています。アイテム、色や特徴、予算などをリストにして、買ったら、☑点を、欲しくなくなったらバツ印をつけます。

おしゃれでコスメにもくわしい妹とは、毎年誕生日プレゼントを交換します。ケラスターゼのヘアオイル、美顔ローラーなど、普段自分で買わないものはうれしい。費用は予備費から出します。

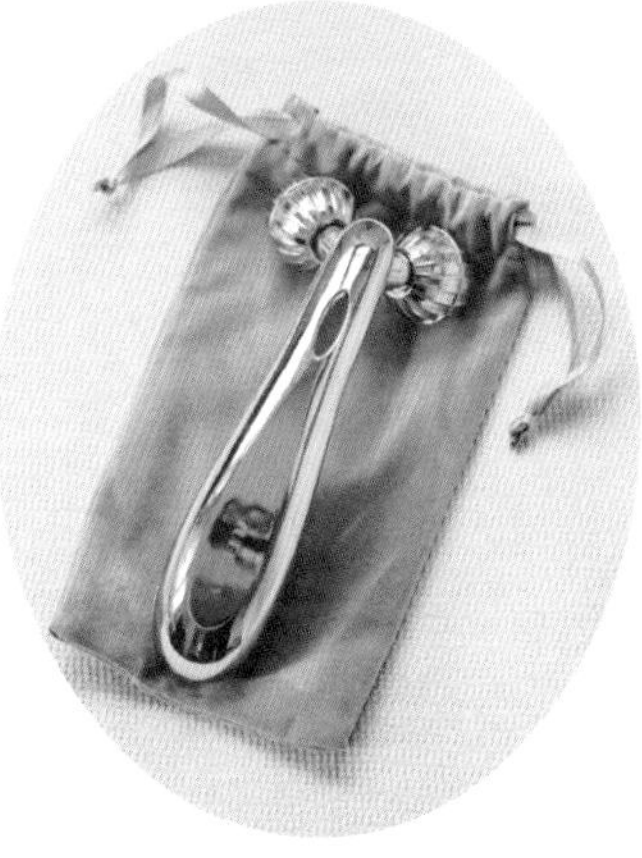

いよいよ老齢年金開始。6万5千円＋厚生年金と企業年金でほぼOK！

２０２1年2月の誕生日がくると、わたしは65歳。いよいよ老齢年金がもらえる年齢になりました。国民年金の約６万５千円と、60歳からもらっている企業年金に老齢厚生年金を合わせたら約13万円。

わたしが生活費に、と決めている月12万円に不足ない金額になります。

ここで大きな病気をしたり、なにかアクシデントに見舞われたら、計算は狂ってしまうかもしれませんが、それは時の運。そのために貯金した「老後の資金」を使います。でもあんまり心配しすぎても、かえってストレスになってしまうので、ここまで準備できたことを良しとしようと思います。

60歳のとき、年金事務所で調べてもらったら、合計金額の目安は11万５千円でした。この数字が事前にわかっていたからこそ、月12万円でやっていけば、なんとかなる、とわかっていたのです。

いままでは、それほど難しくはありません。家計簿もやめ、パートも週休3日にシフトダウンし、2つの財布でやりくりできるようになりました。これで、これから先、年金だけで暮らす日々になっても、なんとかやっていける自信がついたと思います。その後も仕事をして厚生年金を納めているので、最近改めて調べてもらったところ、受給額が上がっていました。

65歳の誕生日をどんな気持ちで迎えるかは、まだわかりません。ひとつだけいえるのは、老齢年金はこれまで必死で働いてきたわたしへのプレゼントのように感じること。当然のことかもしれませんが、ありがたい気持ちです。

年金をいくらもらえるか、早くから知っておいたほうがいい。

第 4 章

大きな楽しみは、
なんといってもおしゃれ

ワードローブを増やさず、
いつも着たい服だけを持つようにする。
それができるのは、
ヤフオク、メルカリを徹底的に使うから。

着ること、装うことは大きな楽しみ。

ベッドの枕元に扉があるウォークインクローゼットは、わたしの宝箱のような空間です。そこには、いらない服はなくて、全部好きなものばかり。どんなアイテムが何着あるか、何と何をとコーディネートしたらいいか、すべてわかっているので、服選びが楽しい毎日です。街なかの人のファッションを見るのも楽しみ。おしゃれの気持ちが半減しないように、電車通勤もいいかなと思ったくらいです。

ファッションに興味を持ち始めたのは、高校に入学したころ。アイビールックが流行っていてチェックのワンピースを着てコインローファーをはいていました。高校3年になって、そろそろ就職するので大人っぽい服を着ようと思って、手に取ったのがファッション誌「アンアン」でした。

「アンアン」はわたしのおしゃれの先生みたいな存在で、洋服の着こなしも、ハイブランドの存在もみんな「アンアン」の誌面から教わったのです。とくに大好きだったのが、スタイリストの草分け、原由美子さんです。原さんの「私服公開」のページを見て、憧れました。原さんはトラッドっぽいのに、とにかくかっこよかった。ツイードのジャケットをカジュアルに着こなしたり、その中に流行も取り入れていたり。なんて素敵なんだろうと。ルイ・ヴィトンを知ったのもアンアンでした。

初ルイ・ヴィトンは、19歳のとき。ショルダーバッグを買いました。結婚するまでの6年間は、お給料15万円のうち、3万円だけ実家に入れたら、あとは全部お小遣い。当時はJCBのクレジットカードを持っていて、洋服やバッグを見て欲しいと思ったら、その場で買うような浪費ぶりでした。

結婚後も、ママバッグはルイ・ヴィトン。大きめのバケツタイプにおもちゃやおむつ、着替えを入れて出かけていました。

独身時代、ボーナスの度に買っていたヴィトンのバッグは、リサイクルショップに持ち込んだり、ヤフオクで売ったりして、ほとんど手放しました。たったひとつだけ、リペアして手元にあるのが、大きめのボストンタイプ。これは「アンアン」で小林麻美さんがイヴ・サンローランのトレンチを着て、「大きめのボストンをふだん使いに」と、さりげなく肩にかけていた姿が目に焼きつき真似したものです。まだ日本に直営店がなかったころで、髙島屋のルイ・ヴィトン・フェアで販売されているのを知って、すぐに買いに行きました。

40歳のころ持ち手が破れて使えなくなっていたのを修理に出したところ、4万4千円かかりましたが、きれいになって戻ってきました。想い出のヴィトンバッグ。セルフビンテージになりましたが、65歳からまた持ってみようと思っています。

好きなことには、エネルギーとお金を上手に使う。

ワードローブがすべて納まるクローゼットは、ベッドの後ろ側に扉があります。19歳の時、アンアンでひとめ惚れしたルイ・ヴィトンのボストン。これだけは手放せなかった想い出のバッグです。

『セックス・アンド・ザ・シティ』は数えきれないほど見て、お手本にした。

ドラマ『セックス・アンド・ザ・シティ（ＳＡＴＣ）』が大好きです。初めて見たのは、いまのマンションに引っ越してきた40代のころ。おしゃれと恋と人生と女の友情をえがいた世界に、すっかり夢中になりました。４人の主人公はそれぞれ個性があり、みな好きでしたが、チャーミングでおしゃれなキャリーに惹かれました。

ヴィンテージの古着を着こなすファッションを見ているだけで楽しく、劇中に彼女がつけていた馬蹄のチャームネックレスに憧れて、自分に合うものを手に入れました。

うちの部屋にあるローテーブルも、実はキャリーの部屋にあったテーブルをイメージして探したもの。脚が真ん中から斜めについているデザインは、座っても足がつっかえず部屋が広く見えるのです。

『ＳＡＴＣ』はケーブルテレビに加入して、ララチャンネルで何度も見ました。シーズン６まであって、１つのシリーズが終了すると次にまた最初から始まるという具合に、どんどんハマっていきました。

ファッションやユーモアの楽しみだけでなく、何度見ても、泣いてしまうシーンがあります。キャリーが「ドルチェ＆ガッバーナ」のショーに出演することになったのですが、当日手渡された衣装は、ランジェリーとガウンだけ。それでも、気を取り直して颯爽とランウェイを歩くキャリー。ところが、途中で派手に転倒してしまうのです。失態に会場がざわめいたあと、起き上がり、笑顔でまたランウェイを歩きます。「一般人は人生でつまずいても――、立ち上がって歩き続けるのよ」このセリフが、当時は仕事に振り回されていた心に響いて響いて。涙があふれました。このシーンは何度見ても、今見ても自分の気持ちに重ねてしまって。泣いてしまいます。

もうひとつは、いつものカフェで、キャリーの最愛の人が婚約したという話題を誰かが始めたときのこと。それを耳にしたキャリーが「彼はストレートヘアの女子が好きよね」と、ウエーブヘアの毛先をくるくる弄びながら、映画『追憶』の主題歌をアカペラで歌いだしたのです。それにあとの2人もつづき、大合唱。実際にありそうなシーンにため息がこぼれました。

わたしが、SATCファンなのを知った次男が、誕生日に公式ガイドブックと、映画公開時の初回限定DVDをプレゼントしてくれたのです。うれしくて、いまもリビングに飾っています。

セックス・アンド・ザ・シティは、仕事で疲れたときの特効薬。笑って、ちょっと泣いて、憧れて……。ほんとうに励まされました。

ブログに書いたとき「わたしもファンで、NYまで撮影スポットを見に行ったほどです」とコメントをもらい、懐かしく、また見てしまいました。

憧れの世界から学ぶものは多い。本でも映画でも。

SATCのストーリーと世界観が大好きでした。DVDボックスと公式ガイドブックは、次男からの誕生日プレゼント。

メルカリ、ヤフオクを使いこなして、ブランド品を手に入れる。

わたしにヤフオクを「便利だよ」と教えてくれたのは、妹でした。妹はヤフオクが始まったころからのユーザーで、わたしがひとり暮らしを始めた42歳のころだったと記憶しています。

ヤフオクでは服やバッグだけでなく、家具や雑貨なども含め売り買いの取引がおよそ８００回。その割合は4対1ぐらいで買うほうが多くて、不要になったものを売ったりもしていました。気に入ったものしかワードローブにないのですが、着古して色褪せたものや、毛羽だったものは、順に部屋着に降格していき、その後は捨てます。

メルカリは買うほうばかり。まだ、メルカリのシステムになじんでいなくて、売るほうについては、勉強中です。

ヤフオクとメルカリ。それぞれにいいところと使いづらいところがあります。ヤフオクは落札されるまで値段がわからないことと、決定までに数日かかることが難点のようですが、落ち着いて考えられるところは良い点です。

まだメルカリがなかったころ、正社員として仕事漬けの当時は、ヤフオクでショッピングするのがストレス発散の趣味のようになっていました。オークションなのでついライバルと張り合ってしまい、どんどん値が吊り上がるのを忘れて熱くなり、失敗したこともありました。メルカリのいいところは即決、即買いできるスピード感と、出品者の多さでしょうか。欲しいものがあると、まずメルカリのサイトを開いて、検索にかけます。

「アイテム」「ブランド名」「素材」「未使用か未使用レベル」

このようにキーワードを入力すると、出品者からの画像と解説文がリストアップされるので、ひとつずつ見ていきます。そして、気になったものがあれば、「いいね！」にチェック。いつでも呼び出せるので、とても便利です。

いま、わたしが探しているのは、丈が短めのコート。

「ハーフコート」

「カシミア、キャメル、アルパカ」

「黒、ベージュ」

「未使用、未使用に近い」

条件を絞りこみ、満たしたものを、あとはじっくり比べます。わたしの場合、業者ではなく個人の出品者を選び、ほかに出品している商品をチェックします。それを見ておくと、自分と好みが似ているとか、きちんとしたＯＬさんで服も大事に扱いそうとか、出品者の人柄が判断しやすくなります。

メルカリやヤフオクのもうひとつの楽しみは、何年も前に欲しかったけれど買えなかった、手が出なかった服やバッグに、ふたたび出会えること。それも格安で。この宝探しのようなわくわく感が大きな魅力です。

✤何度もトライして、賢い買い物の仕方のコツをつかむ。

バッグはすべて一軍。少数精鋭のジュエリーも全部愛用。

女の人はみんなバッグが好きですよね。ルイ・ヴィトンから始まった理想のバッグ探しの旅は、グッチ、プラダを経ていまはポティオールという日本ブランドのしなやかな山羊革のショルダーバッグにたどり着きました。

通勤には、ヤフオクで買ったマリメッコの小さめのショルダーを愛用しています。お弁当と水筒は別の小さいトートに入れて。

若いころは、デザイン性やブランド力に惹かれてきましたが、60代のいまでは、機能性と軽さがバッグ選びの条件です。

① 外ポケットがある

② 上部にファスナーが付いている

③　斜めがけできること

④　軽いこと

年をとるごとにこの4つの条件が外せなくなりました。斜めがけできると両手が空くので、傘をさしたり、仕事帰りにお買い物するときにも邪魔にならないから。外ポケットがあれば、スイカで自動改札を通ったり、スマホをサッととりだせるので、カバンの中をごそごそ探らなくても済みます。電車通勤だから、上部にファスナーがあるのも譲れない条件です。

バッグは大好きなので、以前は売ったり買ったりをくり返していましたが、いま、クローゼットにあるバッグたちは、すべてお気に入り。みんなそれぞれに出番がある一軍ばかりです。

いつも身につけるジュエリーはピアス。18金のフープタイプが好きで似たものばかりですが、いくつか持っていて、着る服や気分に合わせて、ピアスも着替えます。

もうひとつ好きなアイテムは、ネックラインをきれいに見せてくれる18金のチェーンネックレス。「セックス・アンド・ザ・シティ」の中で、主人公、キャリーが馬蹄チャームのネックレスをつけていました。それがとっても印象的で、ダイヤの馬蹄に憧れて買うことにしました。ベルシオラというブランドです。毎日のようにつけていましたが、いつの間にか、首にしわがあるシニアには華奢《きゃしゃ》なチェーンが似合わなく思えて、引き出しの中に仕舞いこんだままに。手放そうとしたら、次男が「馬蹄は幸運を呼びこむお守りだから持っていたほうがいい」と言ってくれたので、考えなおしてそのまま持っています。

いまのわたしに似合うチェーンは、華奢すぎず、目立ちすぎないもの。バレストラでシンプルだけどちょっと個性的なデザインのものを4万円弱で見つけました。頑張った自分へのご褒美に、予備費から奮発しました。

✤不要になったら手離して、常に好きなものだけを手元に。

マリメッコの黒いリュック「バディ」は小旅行にもOKの収納力。バッグはほぼ黒で統一。

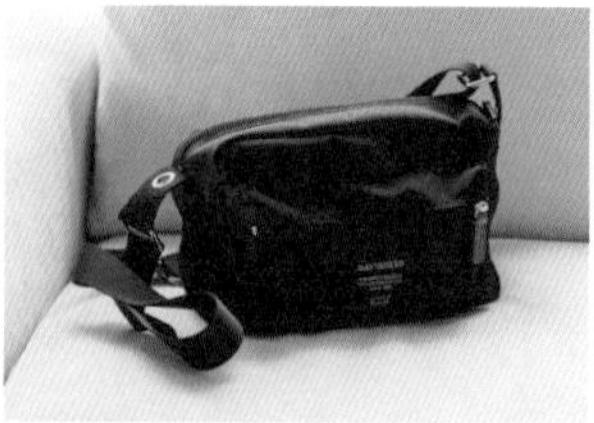

マリメッコの「マイシングス」。見た目よりも収納力があり、きちんと感が通勤にぴったり。

なめした山羊革のバッグは、ポティオール。使うほどに味が出るので「育てる」楽しみも。

キプリングのリュックは、コーディネートのポイントに。この軽さでたくさん入ります。

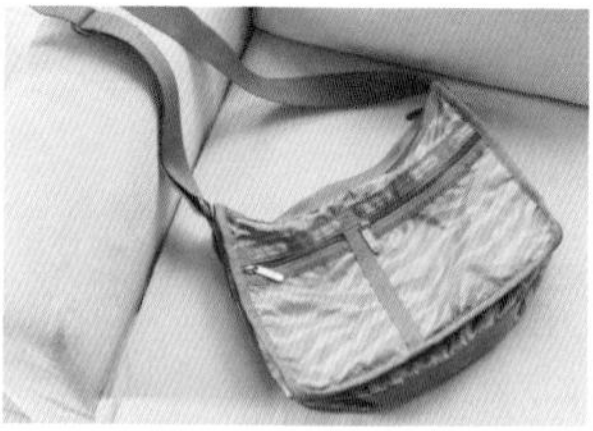

レスポートサックは、柄がおしゃれ。自転車散歩や銭湯巡りに大活躍しています。

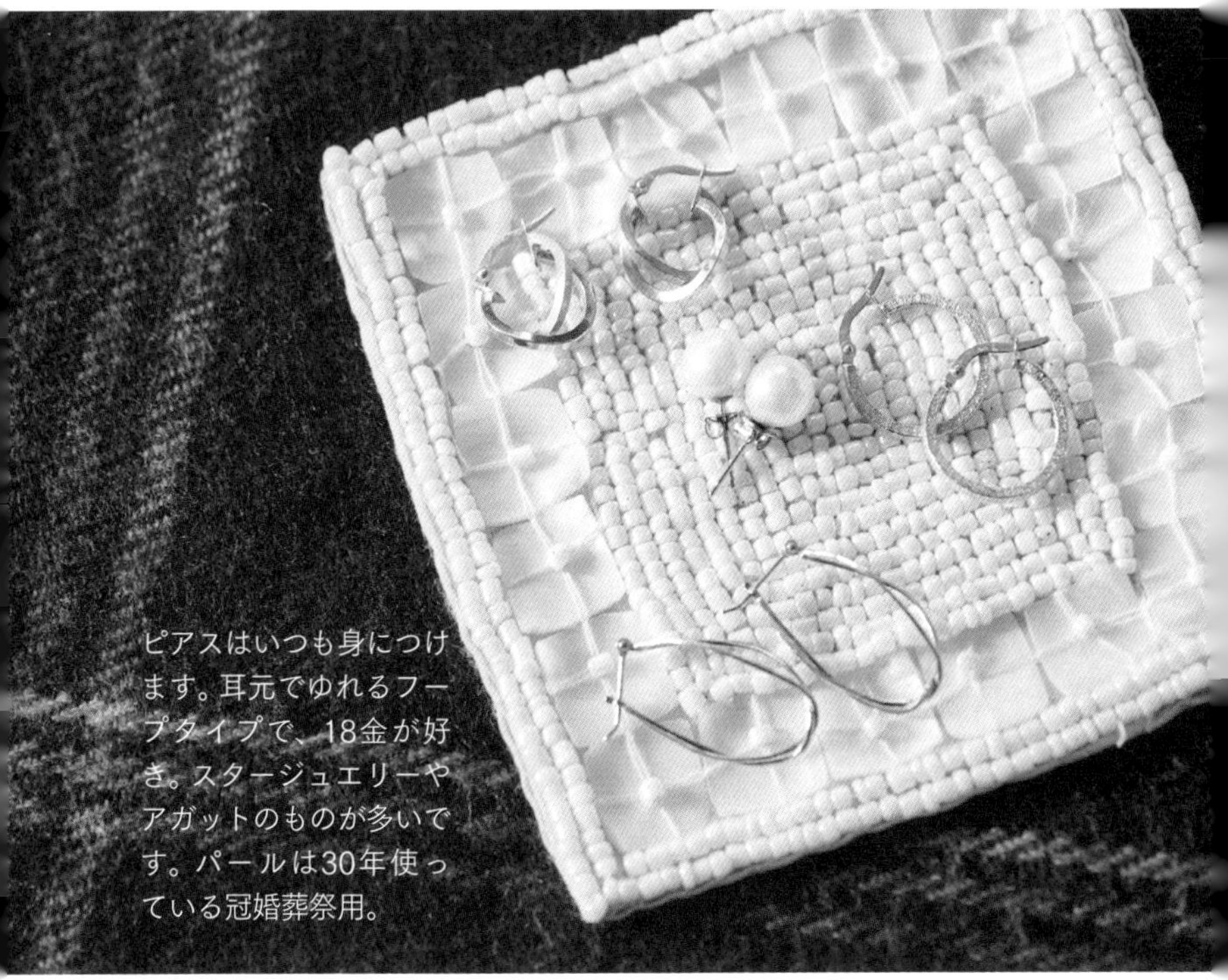

ピアスはいつも身につけます。耳元でゆれるフープタイプで、18金が好き。スタージュエリーやアガットのものが多いです。パールは30年使っている冠婚葬祭用。

『SATC』でキャリーが馬蹄のネックレスを2個づけしているのをみて、憧れて購入。左はバレステラの18金チェーン。昨秋、自分へのご褒美に買いました。

セミロングスカートの快適さを知ったから、ボトムはこれで統一。

これまで営業時代の仕事モードを引き摺《ず》って、膝《ひざ》丈のシンプルなスカートが定番でした。そのほうがきちんと見えるし、わたしらしいと思い込んでいたのです。ところが3年前の夏。もともと汗かきなのですが、じめじめとした湿気にやられて、汗がとまらなくなりました。膝丈のタイトスカートをはこうと思うと、生足ではムリ。網タイツを愛用していましたが、それでも暑さに耐えられなくなって、素足ではけるセミロング丈のスカートを買ってみました。なんて涼しいんだろう。素肌なので蒸れないし、風が通りさらさらして気持ちいい。

それからセミロングスカートに切りかえ、冬物3着、春夏5着を一着ずつ順に買っていき、膝丈スカートは処分しました。いまではお気に入りの8着を着回しています。セミロングの用途は、通勤時とママチャリに乗らないおでかけのとき。丈はあれこれ試着した結果、75センチ前後がシルエットがきれいとわかりました。ギャザースカートは腰まわりが広がりすぎて太って見えるのでNG。Aラインの控えめなフレアが定番になってきました。

そう決めると、メルカリなどのサイトでチェックするのもラクだし、めったに行かないリアルショップでも目移りしません。

冬物のスカートは3着だけ。前面の半分にだけ襞《ひだ》がついたライトグレーのスカートはジル・サンダーのもの。ベージュのチェック柄のマックスマーラは、トラディショナルな冬の定番。スカート丈が長くなってから、靴も変わってきました。フラットシューズから、レザーでソールがスニーカータイプのレースアップシューズが多くなりました。

✤好みのスタイルやサイズがわかると、買い物がぐんとしやすく。

セミロングスカート

大好きなチェックはマックスマーラ。着心地のいいアルパカのセーターと。

ジル・サンダーのスカートはシルエットがきれい。バーバリーのカシミアニットと。

レザーでスニーカーソールが定番に。マッキントッシュやフットスタイルなど。各色そろえて。

この麻スカートがきっかけでセミロング派に。素脚で着て、春夏に活躍。

大人のボーダー、好きだからつい買ってしまう。

ボーダーのTシャツやカットソーは、シンプルな着こなしの定番。若いころからよく着ていますが、飽きることがない永遠のアイテムです。

いま、クローゼットにあるボーダーアイテムは、ニットやカットソーが3枚、チュニックが3着あります。MHL．というマーガレットハウエルのカジュアルラインのボーダーがお気に入りで、ボーダーの幅が微妙に違う色違いで2着買いました。厚手のしっかりとしたバスク生地ですが、襟ぐりが開きすぎず、つまりすぎず。ボーダーの黒は、ちょっと褪せた色が好みで、これはまさにぴったり。

それまではMUJIのボーダーTシャツを着ていましたが、やっぱり着心地が違うし、シルエットも違って見えます。シャープな体型なら、ＭＵＪＩでもいいでしょうが、腰回りがふっくらしてきた分、同じボーダーでも、きれいめに着こなせるものを選ぶようにしています。

ボーダーはカジュアルな着こなしにはもちろん、ジャケットのインナーにしても映えるので、クローゼットの中から、つい手に取ってしまいます。手持ちに何枚もあるのに、ついボーダーが目についてしまい、欲しいもののリストに追加してしまいます。

最近、ワードローブに加わった新顔ボーダーは、数年前にブランドがクローズしてしまったソニア・リキエルのもの。襟ぐりには黒のスパンコール、胸元とウエストあたりの２か所、違う色のボーダーがあるデザインで、ひとめ惚れしました。合織のニットなので真冬には寒いかもしれませんが、このかわいさにはかないません。

ソニア・リキエルは大好きなブランドで、長傘と折りたたみ傘も買いました。これも縞々模様、ボーダーなのです。

カットソーやTシャツ以外では、ギャルリー・ヴィーのカシミアのニットを持っていて、肌ざわりといい、ボーダーの入り方といい、1着で主役級。コットンのカットソーやTシャツは、着古したら部屋着に下ろすので、わたしの部屋着はボーダーだらけ。大好きな服は着古した後も愛着を持てます。

古いアルバムを整理しているときに見つけた一葉の写真があります。おむつ姿の次男と、パンツ1枚の長男を両手に手をつないで海辺を歩いているのは、28歳のわたしです。子どもたちに、生まれて初めての海を見せてあげたときでした。わたしが着ているのはボーダーのカットソー。ネイビー×白の1枚は、ボーダーおしゃれの原点だったと思います。

今はネイビー×白、黒×アイボリーばかりですが、若いころのように渋めの赤とベージュのボーダーも、もう一度着てみたいと思っています。

✤ 細かいところを徹底的にチェックして、お気に入りを見つける。

ボーダー

ソニア・リキエル。襟ぐりにスパンコールがついて、9分袖がおしゃれ。

ギャルリー・ヴィーのカシミアセーター は変則的ボーダー。シックに着られます。

長袖はバスク地、半袖はカットソー生地。MHL. は理想のボーダー。

8分袖はオーチバル。半袖のものはグリーンレーベルリラクシング。

カジュアルな普段着は、パンツ＆スパッツが定番。

仕事ではスカートを着る分、家でくつろぐときやママチャリ散歩に出かけるときは、パンツとチュニックでカジュアルな装いになります。これもオンとオフの切りかえなのかもしれません。

カラーは定番の白と黒。ＺＡＲＡ、ユニクロ、しまむらなど、ファストファッションのショップで、伸縮性に優れたストレッチの細身なパンツを選んでいます。

わたしのパンツについてのこだわりは、必ず試着してヒップライン、ウエスト、腰回りをチェックすることです。

ボトムスの中でも、パンツ類は試着しないでオンラインで買う勇気はありません。

ユニクロのレギンスは、お値下げしているときに、ストック買いすることもあります。

腰まわりと太ももが隠れるチュニックと細身のパンツの組み合わせが、ふだん着スタイル。そう決めておくと、着るもので悩んだり迷ったりすることがなくなります。

黒のレギンスも白の細身パンツも、いまのトレンドとはちょっとずれているかもしれません。でも、わたしはこのスタイルが好きだし、着心地も良いので気にしません。着たい服を着るのが一番です。

ボトムスのスパッツやパンツが色褪せてきたり、クタクタになったら、買い替えのタイミング。へたってしまったふだん着は処分しないで部屋着に下ろします。

✤組み合わせのパターンを決めてしまうと、服選びがラク。

おととしの夏から、大人のワンピースにめざめました。

これまでは上下で着まわせるように、トップスとボトムスをそれぞれ買っていましたが、おととしの夏ごろから「若いときのように、ワンピース、また着たいな」と思うようになりました。

最初は近所の商店街で見つけたネイビーのポリエステル素材の膝下丈ワンピースがきっかけでした。カーディガンを羽織ると春から着られます。

2着目は去年の春。ブルーグレー地に白のピンストライプが入ったスタンドカラーのワンピースはしまむらブランド。ストレートに近いシルエットと、ウエストを自在に絞れるところ、コットン素材が、決め手でした。

もう1着、オーギャルソンというブランドの厚手麻のワンピースは、フラ

チュニック＆スリムパンツ

好きすぎて買い足し、三代目。キャメルと黒のゼブラ柄のチュニック。

キャメル色のニットワンピースはイエナのもの。色も形もお気に入り。

アイボリー地にネイビーやグレーのレオパード模様。シックなマリメッコ。

マリメッコのミニ丈のワンピは綿で裏地付き。シャープすぎない色使いが魅力。

ワンピース

ランダムなドットが大人っぽい黒ワンピースは、春や秋口に大活躍。

ネイビーのワンピース。汗染みができない工夫が気に入っています。

オーギャルソンのワンピースは20代向けのブランドですが気にしません。

ピンストライプのシャツワンピは、しまむらブランド。きちんと感があります。

ンス郊外にある工場の作業着からヒントを得たという、つなぎっぽいデザインに惹かれました。若い人向けのブランドですが、色と素材、丈を選べば、大人にも十分着こなせます。

秋口に買ったのは、黒に白いドットがランダムについた甘くなりすぎないワンピース。これは1枚でもGジャンと合わせても着ています。生地はポリエステル。わたしは汗かきで、夏は「汗染みが目立たないこと」が条件なので、肌ざわりが多少よくなくても、汗が張りつかないポリエステルのワンピースが、重宝します。上にセーターを着ればスカートの代わりになるし、朝のせわしないときや、コーディネートが浮かばないときにも、1枚で済むラクチン感と完成感があります。

63歳の夏、ワンピースの魅力を再発見したので、これからはワンピースも仲間に入れたワードローブを考えていきたいと思います。

❖好きなものは、常に変わる。おしゃれはいつも進化系で。

ユニクロはいいとこどりで。わたしらしいおしゃれルールを決める。

若いころからさんざんファッションにお金と情熱をかけてきたので、安いから、とファストファッションに飛びつくことはしません。たくさんの服を着てきたからこそ、好きな服は何年も着たいから。

たとえば、ユニクロやZARA。ワンシーズンだけ着て、着つぶすつもりなら、デザインもいいし、何と言っても手頃な価格なのが魅力的で、20代のモデル体型の人が颯爽と着こなせば、ユニクロもZARAも素敵だと思います。でも、60代半ばの女性が、全身ファストファッションでコーディネートしたら、シルエットが合わなかったり、素材や縫製が気になったりしてしまいます。

ただ、ファストファッションの商品の中でも、定番にしてシーズンごとに買い足しているアイテムもあります。それはシンプルなレギンスと部屋着にするボトムスなど。

わたしがユニクロを選ぶときは、機能性を重視します。素肌につけても気持ちいいブラトップやヒートテックもあれば、パンツにスカートのいいとこどりをしたようなガウチョも買って持っています。

ユニクロの名品だな、とわたしが思っているのは、軽くて温かい保温力の優れたウルトラライトダウンジャケットです。ただし、わたしが気に入っているのは、数年前のモデルで、調節紐でシルエットが絞れるタイプです。

わたしが着ているのを見た、90歳の母が、「それ、どこの？　そういうのが欲しい」というので母にあげて、自分の分をヤフオクで買い足しました。

✤大人だからこそ、心がけたいおしゃれルールがある。

ファッションの予算を決める。買いすぎないための工夫。

若いころはスタイリストやウィンドウデコレーターになりたいと思ったほど、おしゃれが大好き。たくさんの洋服を見て、ふれて、着こなしてきたせいか、自分に似合うもの、必要なアイテムは、もうわかっていますが、この年齢になっても、まだファッションへの情熱と物欲はあるので、セーブするためにも、アイテムごとに予算を決めています。

スカート、ニットは5千円まで、夏物は3千円、コートは2万円など、枠を決めて欲しいものと予算をリストに書きこむことで、冷静に見直しているので、無駄遣いや失敗は滅多にしなくなりました。ただ、とても気に入れば、買わなかったことを後悔しないために予算オーバーすることもあります。

若いころは、ショーウィンドウでひとめ惚れしたワンピースを試着。気に入ったら、その場でカードで払っていましたから、変われば変わるものです。そういう経験を経て、たくさん失敗もしてのやりくり。いまでも、あたらしい洋服を買うと、わくわくする気持ちは変わりません。中古を買ったときは、洗濯して毛玉取り器できれいにケアしてから、クローゼットにしまいます。

メルカリなどでは、ブランドでアイテムを絞ることが多いです。ブランドごとのサイズ感は、リアルショップでチェックしたり、手持ちの服の実寸を比べれば、同じ38サイズでも、小さいか、大きいか、すぐにわかります。

メルカリでは値引き交渉もコミュニケーション。買おうと決めたら「○○円、お値引きできますか？」とコメントしてみると、たいていは承知してくれます。メルカリは海外のフリーマーケットや蚤《のみ》の市がヒントになったビジネスなので、値引き交渉は当たり前の感覚なのかもしれません。

気に入ったものなら、予算オーバーもあり。

第 5 章

暮らしまわりのちょっとした知恵と工夫

無駄なお金はかけない。
掃除に時間はかけたくない。
気に入ったものに出会うまで、時間をかけて探す。
自分なりのこだわりを大切に。

シンプルな部屋でも、グリーンや花のある暮らしが好き。

自分でブログを始めるずっと前のこと。インテリアや片づけに興味があったので、おしゃれな部屋で暮らしている人のブログをいくつか見てみました。そのときに「ミニマリスト」というワードに出会い、シンプルな暮らしに憧れていたわたしは、ミニマリスト的な部屋に惹かれていました。

そんなときに気づいたことがありました。

ミニマリストの部屋には、観葉植物もなければ、季節の花を飾る花器もありませんでした。それを知って「わたしはミニマリストにはなれない」と思い直しました。

この部屋は、窓がたくさんあって日当たりが良いです。引っ越し祝いにと、

窓辺にはマダガスカル・ジャスミンが蔓《つた》を這《は》わせ、引っ越し祝いに友だちから贈られたユッカの樹は、昨秋に小さな芽をだし10数センチ育ちました。部屋に緑は欠かせません。

親友がユッカの鉢植えをプレゼントしてくれたのですが、いまも元気に葉を茂らせています。

そして、うれしいことに根元から小さな芽が出てきたかと思うと、どんどん大きくなってきたのです。18年目にして初めての新芽。ミニチュアのようにかわいくて。どこまで伸びてくるのか楽しみです。

窓辺にはハンギングしたマダガスカル・ジャスミンがあり、キッチンの小さな窓にもサボテンやシクラメン、切り花などを飾っています。

切り花はスーパーで売っている250円の見切り品ですが、十分きれいに咲いています。人からもらった鉢植えも、長く楽しむために陶器の鉢に植え替えました。

こうして、やりくりしながらも、これからもグリーンと花のある暮らしを楽しんでいこうと思っています。

✤ お金をかけずに手をかけて、部屋に緑を絶やさない。

掃除は好きじゃない。だからこそ、ほこりと汚れをためない工夫を。

1LDKの間取りの仕切りを取り払い、ワンルーム仕様にしたわたしの部屋は、すべてを見渡せるので片づけや掃除を怠ると、居心地が悪くなります。だからといって、毎日掃除機をかけたり、ぴかぴかに床を磨くのは、苦手で億劫です。

わたしの掃除スタイルは、とにかく「汚れたら、すぐに拭きとる」と「たまる前に、ほこりをモップでひと拭き」すること。

気づいたら、まめに「ささっとひと拭き」を実践していると、掃除機を出して本格的な掃除をするのは、週に一度で十分。きれいな部屋をキープできます。

いつでも、ささっと、まめに掃除するために、わたしはお掃除グッズをそれぞれ定位置に置いています。

クローゼットの入り口あたりにクイックルワイパーを置き、テレビの背面の壁にフックを取りつけてハンディタイプのモップをかけてあります。掃除機は部屋の隅にある小さなスペースに収納してあり、週に一度の出番を待っています。部屋をすっきりと見せる工夫は、床やテーブル、ベッドサイドによけいなものを置かないこと。掃除をするとき、ものをよけるひと手間がないのは大事です。わたしはラグが好きで、インテリアのポイントにしていますが、汚れがたまりやすいので、テレビを見ながらもコロコロでほこり取り。

掃除が好きじゃないわたしが、すっきりとくつろげる部屋にできているのは、使ったものを元の場所に戻すこと。まめなちょこっと掃除と、定位置を決めたお掃除グッズのおかげかもしれません。

ちょこっと掃除と、小さなお掃除グッズでいつもきれい。

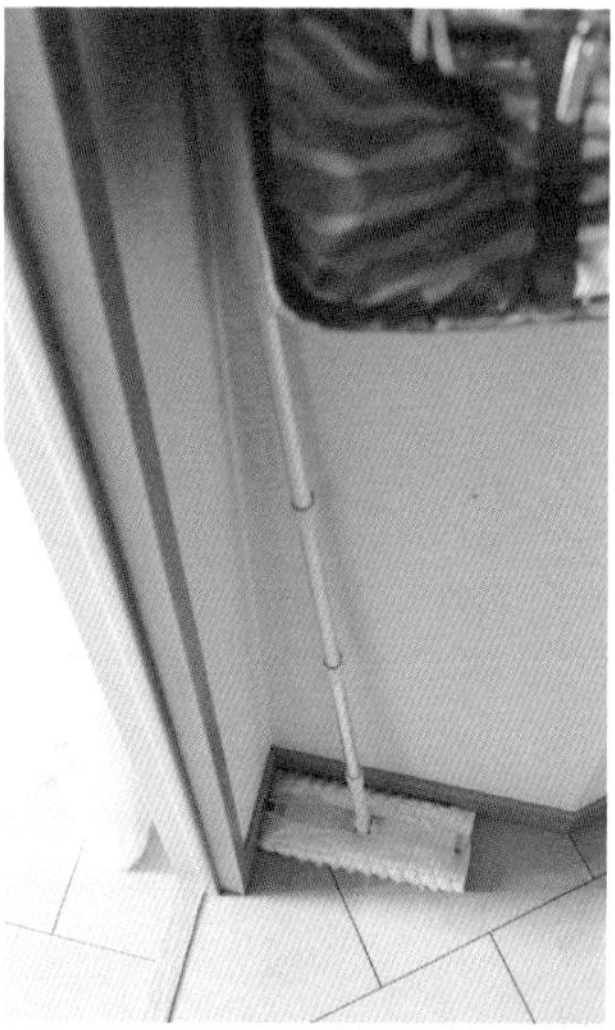

ほこりを見つけたら、さささっとお掃除できるように、クローゼットにクイックルワイパー、テレビの後ろにはたきブラシ。掃除機はしまいこまずに、見えるところにスタンバイ。

100円ショップを、かしこく活用する。

「安物買いの銭失い」ということわざがありますが、100円ショップには、誘惑がいっぱい。1つ税込みで110円という安さから、あれもこれもと買い物かごに入れて、家に帰ってから後悔したことも。

いまは100円ショップに行くときでも、必要なもの、買いたいものをメモしてから出かけています。

そうじゃないと、「あっ、便利そう」とついつい余計なものまで買ってしまうから。

100円ショップで毎年買い足すものは、スケジュール帳と卓上カレンダーです。正社員で営業職のころは、分厚いシステム手帳を愛用していましたが、いまはパートなので仕事で管理するような予定はもうありません。健診の予約とか、友だちとお出かけとか、息子と銭湯巡りとか、ささやかなプライベートの予定だから、薄い手帳がちょうどいいのです。

キッチンで使うモノトーンのキッチンスポンジ、レトロなピンクの縁取りの「かやおりふきん」はストックがなくなると、買い足しています。

ふきんは北欧っぽい模様のグレーのものを見つけて、かわいいからまとめて買ってみたことがありました。でも、一度洗濯しただけで、縁が縒《よ》れてしまい、これはもう買わないと思います。元のかやおりふきんが、おしゃれではなくてもいかに丈夫で優れものか、よくわかりました。

100円ショップでわたしの暮らしにちょうどいいのが、ミニサイズの調味料。最初は「100円ショップで調味料なんて……」と躊躇しましたが、ナショナルブランドのおなじみの商品が小振りになっているだけなので、安心しました。ひとり暮らしのわたしが、レギュラーサイズのマヨネーズを買うと、賞味期限内に食べきれない。そんな不満を100円ショップ調味料は、解消してくれたのです。おしょうゆやキャノーラ油、めんつゆも、ミニマムなサイズが、うちのキッチンの引き出しにぴったり納まるので、調味料一式をまとめて収納できて、とても便利です。

焼き網、まな板に菜箸、せん切りピューラーなど、うちのキッチンの定番グッズは、１００円ショップで買ったものがずらり。毎日使うものばかりで本当に助かっています。

１００円ではありませんが、防災グッズとして買った３００円のランタン（カンテラ）はおしゃれで実用的。掘り出し物でした。テレビボードの棚にスタンバイさせています。

知り合いから便利だと聞いたり、ブログの読者から教わったりと、１００円ショップ商品の情報交換は、節約をしながら毎日の暮らしをちょっとだけ便利に、豊かにしてくれます。

100円だからこそ、いいものを選び抜く目を持つ。

100円ショップの優れもののひとつが老眼鏡。バリエーションがいろいろあり、赤が気に入って既に3つ購入。読書用にベッドサイドテーブル、スマホ用にソファ近くと、すぐ手に取れる所に。

ひとりだから、料理には手をかけず、おいしいものは外食で。

男の子ふたりを育てるため、栄養を考えた好きなもの、ロールキャベツやピーマンの肉詰め、酢豚や炊きこみご飯など、料理は一通りやってきました。シングルになり、シニアになったいまは、日々の料理に手をかけていません。おいしいものが食べたいときは、プロにおまかせ。季節のカキフライも、懐石料理も、懐かしの洋食も、週末に食べ歩いたり、気のおけない友だちや息子たちを誘って外食したほうが、満足します。

ふだんのわたしの食事は、シンプルなくり返し。お昼のお弁当はゆで卵付きの手作りサラダ。寒いときはスープジャーで具だくさんのスープ。あとはパンか具を変えながらおにぎり。食堂に麦茶はあるので、アイスティーを入れた水筒と一緒に会社に持っていきます。

夕食は切り身魚を焼いたり、レトルトのハンバーグを温めたり、焼きそばやサンドイッチを作ったり。手をかけないで、月に2万円の予算でやりくりするので、贅沢な食材は買えません。それでも、旬の野菜や魚介類、便利な冷凍食品をうまく工夫して、栄養バランスの取れた食事を心がけています。

鍋やフライパン、庖丁も、ニトリやダイソーで安くて使い勝手のいいものを見つけました。軽くて洗いやすく、手入れがラクなものが、わたしにはちょうどいい。キッチングッズは、スライド式の収納スペースに収まる分だけと決めています。

ふだんはお金も手もかけませんが、2週間に一度、長男がわが家に遊びに来るときは、彼の好物の豚汁を作ったり、ビーフシチューやおでんなどを仕込んで「母の味」を食べてもらっています。

一人暮らしだからこその特権で、メリハリのきいた食生活。

食器棚はなし。シンク下の引き出し式収納庫に、食器をしまってあります。「ここに入るだけ」を守るとものは増えません。

コンロは2つ。ニトリ、ダイソーのひとり用鍋、フライパンがとっても便利。冷凍庫が下にある冷蔵庫は、一人暮らしには十分なコンパクトサイズ。

オープンスタイルのキッチンなので、隠す収納を心がけています。キッチンに明かり採りの窓があるのもこの部屋の好きなところ。レンガ細工の壁紙はダイソーで買ってきて貼りました。

お気に入りを厳選して。なんにでも映える北欧の食器たち。

キッチンには、食器棚はありません。代わりにシンク下の収納スペースに、北欧を代表するブランド、アラビアやイッタラなどのカップ&ソーサー、ボウルなどをそろえています。

4年前の誕生日に次男が、アラビアのパラティッシ（ブラックの花や果物の模様）とトゥオキオ（コバルトブルーの四角い柄）のカップをプレゼントしてくれました。以前、鎌倉・材木座のカフェでトゥオキオのカップ&ソーサーが出てきて、「すっごいかわいい！」と言ったのを覚えていてくれたらしくて。

それがきっかけで、パラティッシの直径14センチの平皿2枚と17センチのボウルを買いました。さらにイッタラのガラスボウル、トゥオキオの18センチボウルとプレートを買い足していくと、もうほかの食器はいらないぐらい。ケーキをのせても、和菓子を盛っても映えるし、焼き鮭やレトルトのハンバーグでさえ、このお皿に盛るとおいしそうに感じます。トゥオキオのボウルは、藍色の縁のおかげで、パスタにぴったり。ラーメンやうどん、カレーもこれで食べています。

キッチンの食器収納スペースも、クローゼットと同じ。全部お気に入りで、もらい物の趣味ではないお皿やカップ、いらないものはひとつもないから。少なくても、「どれに盛ろうかな」と、考えるのがほんとうに楽しくて。

お料理は正直なところ、今はあんまり好きではないです。ひとり分の食事を作るのが億劫なときだってあります。そんなときも、大好きなアラビアのお皿に盛るから、「作ろうかな」と思えることも。

食器も服と同じように、お気に入りのもの以外は持たない。

写真奥から右回りにアラビアトゥオキオ、
ダンスク、イッタラカステヘルミ(グレー
のガラス)、アラビアパラティッシ。

21センチの平皿は何を盛っても使い勝手がいい。ダンスクも3枚持っています。色、柄とサイズを揃えると、調和が取れます。

ちくちく手縫いでリメイクした椅子カバー。コンパクトな裁縫道具で十分。

ミシンがないので、カーテンの丈詰めや枕カバーなどは、縫い目も気にしないで、ちくちくと手縫いします。

ベッドルームとリビングを分ける仕切りを取り払ったわが家は、広く使えるようになった分、ベッドスペースが丸見えになってしまいましたパーテーションを置くよりも、カーテンで仕切ろうと考えて探したのが、イタリア製のオーガンジーっぽいカーテンでした。素敵だけれど、外国製は丈が長すぎる。裾を折り返して、まつり縫いにしました。

玄関から部屋へつづく廊下の壁面にある収納スペースには、ユザワヤで探した北欧風の花模様の布で、目隠しを作りました。そのとき、少し布が余ったので、枕カバーも作りました。

カーテン、枕カバーの次は、ライティングビューローの前に置いた籐椅子のカバーを作ってみようと思い立ちました。

以前、大好きでよく着ていた、ポール・カのシルクのタイトスカートがありました。腰回りが窮屈になりはけなくなってしまって。処分するのも、ヤフオクなどで売るのもちょっと違う。好きなので手放したくない。そうだ、と思いついて、椅子のクッションカバーにリメイクしました。

ライティングビューローはヤフオクで、福岡在住の出品者から落札した北欧ヴィンテージ。１９５０年代のものでわたしと同世代。その前に置いた30年使っている藤椅子に腰かけるたび、すべらかな肌ざわりと、衣擦れの音が心地よくて。お気に入りの椅子とカバーで、見るたびにうれしくなります。

手縫いでリメイクすれば、自分の好みにもっと近づけられる。

ミシンはないけれど、リメイクは好き。お菓子缶に針山と糸と針、糸切り鋏を入れて小さな裁縫箱に。これで十分用は足ります。

防災グッズは、毎年見直し。スニーカーはベッドサイドに。

地震や津波、台風や大雨など、自然災害はいつ、どこで起こるかわかりません。もしものときのために、わたしなりの防災グッズを大きめのリュックにまとめて、いつでも持って外に出られるように、ウォークインクローゼットの扉のすぐ後ろを定位置にして置いています。

大きなリュックは近所の商店街で買ったリーズナブルなもので、丈夫さとポケットの多さ、防災グッズがすっぽり入るサイズを重視して選びました。中身は、2ℓのミネラルウォーターとトイレットペーパー1巻き。着替え、タオル、洗面用具一式、はさみ、乾電池、筆記用具、紙コップ、使い捨てカトラリーなど。避難所で数日過ごすことを想定して、用意しました。

最近プラスしたのは、個人情報を書きとめたメモ。

ここには年金証書の番号から、マイナンバーの番号、健康保険証の番号、通帳の口座番号、何かあったときに連絡をつけたい息子たち、妹、母などの携帯番号も書いてあります。

「いつか、やろう」では、なかなか実行できないので、思い立ったときに、もしものときのための個人情報リストを一気に書きだしました。

避難するとき、足元にガラスなどが散乱しているシーンを想定して、ベッドサイドには履き古したスニーカーを用意してあります。キッチン背面の収納棚にはライフラインが止まったときのために、飲料水や缶詰、ごはんのパック、簡易トイレ等を収納しています。賞味期限のチェックは9月1日と3月11日と決めて。

どうか使う日が来ませんように。そう願いながら、準備したものです。

✿一人暮らしに防災グッズはマスト。中身の点検を忘れずに。

第6章

いい人間関係に恵まれているからしあわせ

一人暮らしが楽しめるのは、
つきあえる人がたくさんいるから。
あたらしい出会いも楽しみつつ、
無理せずしなやかに人とつきあうコツ。

息子2人とのつきあい。素気ないけど心をかよわせて。

わたしには30代後半の息子が2人います。どちらもまだシングルですが、心優しい息子たちです。長男はリアリストで、次男はロマンティスト。まったく違う性格で、母とのつきあい方もそれぞれ個性があっておもしろいです。

彼らが高校1年と2年の夏休みに、わたしがひとりで家を出てしまったので、よそのご家庭の母と子の関係とはちょっと違うかもしれません。とはいっても、2人が高校を卒業するまでは、近くのアパートから毎日通って食事や洗濯などの面倒は見ていました。毎日会っているけれど、一緒には暮らしていない、という不思議な関係のせいか、自然と子離れができたのでしょう。

わたしは子どもたちに口うるさくする母ではなかったし、子どもたちも複

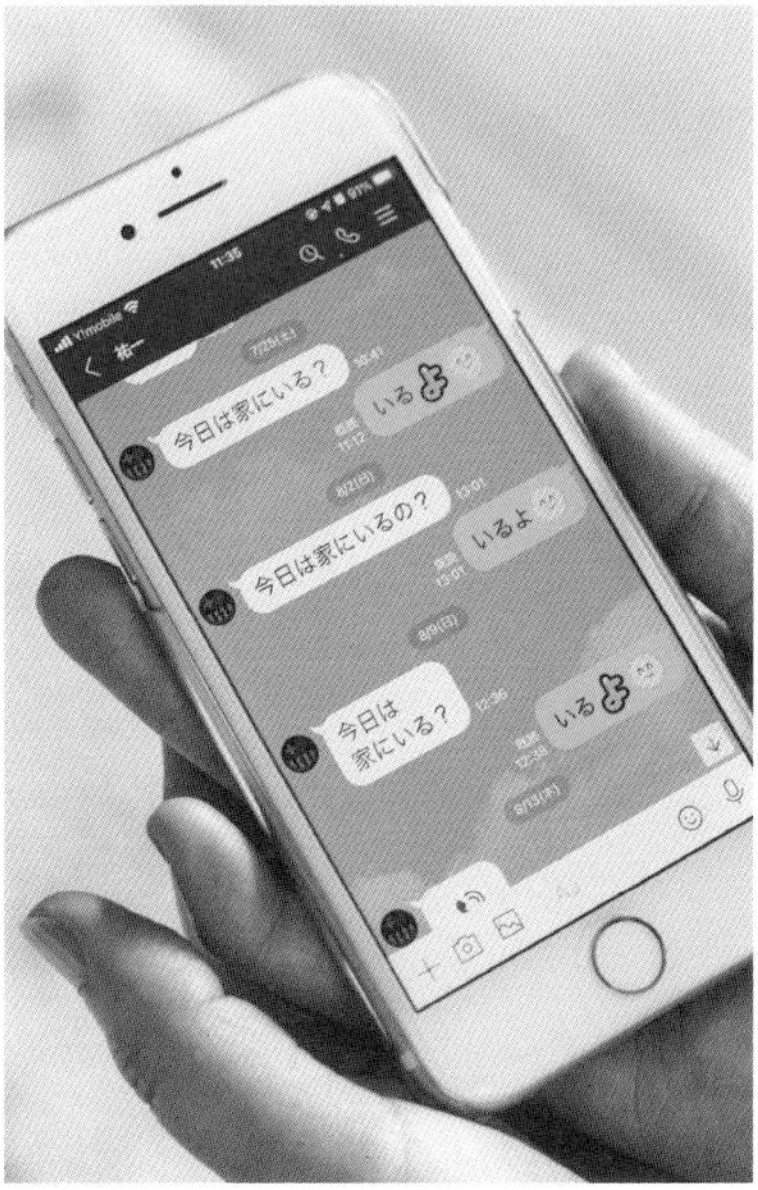

長男とはLINEでひとことだけのやりとり。LINEをやらない次男は、美しい風景写真をコメントなしでメッセージで送ってくることも。月夜の画像が送られてきたときは、私もベランダから撮ってお返事しました。

雑な家族関係の中で、よく育ってくれたと思います。長男が高校生のとき、脱色剤を買ってきて、髪を金髪にしたいと言ったことがありました。何でもやってみたい年頃なんだ、と思い、よその母なら「やめなさい」と叱るところですが、わたしは「染めムラができたら格好悪いから」と、手伝いました。すると、気がすんだようで、学校の登校日前日には自分で黒く染め直していました。

そんな長男と、ちょっとシャイな次男とは、連絡方法すら違います。

長男とはＬＩＮＥでひとことだけのやりとり。「今日、家に居る？」「いるよ」だけ。これが週に一度か、2週間に一度。長男はわたしの家にきて、手料理を食べておしゃべりして帰っていきます。ふだんは、まったく連絡なし。クールなのか、母思いなのかわからないですが。彼なりの表現なのでしょう。

次男とは日帰りの小旅行に出かけたり、ママチャリでカフェや銭湯を巡ったり。次男は企画力が素晴らしくて、ネットで調べて自分が行きたい場所やわたしが好きそうなカフェやショップに連れて行ってくれます。連絡も彼は電話か、たまにメッセージ。しかも、写真だけぽつりと1枚送ってくる。

次男とはそっけないけど気心が知れた友だちみたいな関係です。

「ショコラさんは彼はいないんですか？」と、聞かれたことがありましたが、いまはいません。

40代のころに年下の彼ができたことがありました。つきあうのは楽しかったけれど、わたしはもう結婚には懲りていたので、行き先のない恋愛になってしまい、わたしのほうから別れるようにしました。

もう一度だけ、50歳を過ぎたころにも恋をしました。お互い離婚した者同士。いつも彼のことを思い、大好きでした。仕事も乗っていたころで、忙しさの中に気持ちの張りもできて幸せでした。でも、大人になってからの恋愛は感情だけではどうにもならず、いま思い出しても、切ない気持ちになります。

40代、50代と経験した恋は、涙を流したこともあるけれど、思い出すのは楽しかったことばかりです。

再婚は考えたことありません。息子たちにも恵まれ、友だちや仕事先にもよくしてもらい、とてもしあわせな人生なんですが、結婚運が悪いのか、結婚に向いていないのか。これぱっかりは、どうしようもできないけれど、今は、若いころからずっと好きで、年を重ねてますます素敵な俳優さんに見とれてドキドキ、胸キュンだけで満足しています。

✤相手によって、交流の仕方は違う。いい距離感がいい関係。

子どもに頼るなんてしたくない。だから、準備をしています。

わたしがひとりになってから、いつも心に決めていたのは、「子どもに負担をかけるような頼り方は絶対しない」ということでした。

高校生の多感なころ、事情があったとはいえ家を出ていった母が、「年老いたから面倒みてほしい」なんて、そんな弱音を吐くことはしたくない。そのためにも、自活し、仕事は辞められないと覚悟していました。

いまは住宅ローンも払い終え、わずかですがパートで月々の収入もある。わたしなりの老後資金も準備できて、あとは平穏な年金暮らしを迎えることができそうです。

それでも、ある日、どこかで事故に遭うかもしれないし、部屋で突然倒れてしまうかもしれない。

そんなときに、身内である子どもたちをうろたえさせたくはありません。そう思って、マンションを買ったときに、合鍵を2つ用意して「いないときでも、いつでも遊びにきていいよ。冷蔵庫の中のものを食べてもいいし、好きなように過ごしていい」と、長男と次男にそれぞれ手渡しました。

そして、最初は長男に不動産権利書や保険証書、預金通帳の保管場所、暗証番号などを教え、「わたしに何かあったら実家の菩提寺《ぼだいじ》の奥にある集合墓地に埋葬してもらいたい」と、伝えました。

その後、次男にも同じように「もしかのとき」に備えて、証書類や金融機関の通帳、実印などの場所を知らせておいたのです。

90代のわたしの母は、お金の話をすると「下世話」だといって、はばかりませんでした。

いつか「おかあさん、年金っていくらもらってるの?」と聞いたときも、はぐらかされて正直な金額は教えてもらえなかったほどです。もしも、母が急逝したら、わたしたちきょうだいは、保険証書も通帳も実家の土地権利書もどこにあるか、わからなくて途方に暮れるでしょう。

「お金の話ははしたない」という母を説得し、長男であるわたしの弟にだけは教えておく、と言ってくれました。

わたしの身に何かあったときは、息子たち2人が協力して後始末をしてくれるでしょう。

いつの日かそのときがきても、できるだけ子どもたちが困らないように、しっかりと準備しておくつもりです。

もしものときに備えて、大事なことははっきり伝えておく。

高校時代の3人グループ。定期的に気楽に会う楽しみ。

高校時代からの女友だちとは、40数年のつきあい。就職コースで気が合って以来ずっと、いつ会っても話が尽きない、あのころのあだ名で呼び合っているかけがえのない友だちです。子どもが小さいころは子連れで集まり、手が離れてからは旅行もしました。遠足気分で鎌倉を散策したり、カフェでスイーツを食べたり、人気の和食店で食事をしたりと、月に一度。気心が知れていて、本音でつきあえるのが、ほんとうに楽しみです。

定期的に集まるつきあいを大切にしながらも、たまには前の職場の同僚とか、その友だちとか。顔見知りで素性はわかっているぐらいの、ゆるい知り合いとのつきあいも、それはそれで楽しくて。環境も違えば価値観も違う人と、知り合って話をするのは新鮮です。

サクランボ狩りと温泉の旅に誘われて参加したら、同世代の男女多勢がいて、大人の修学旅行のようでした。また集まりましょう、と、約束して解散したのですが、こういう旅も、この先の人生を豊かにしてくれそうです。

このあいだは、別の友だちの幼なじみの別荘にみんなで集まりました。

高校時代から顔見知りの「男子」が定年退職して別荘を買ったということで、みんなにお披露目がてら、同窓会のような持ちよりの飲み会でした。わたしは飲めないので、シャンパンを一杯だけおつきあい。あとはひたすら、おしゃべりと食べることに専念していました。

宴は盛り上がり、夜が更けるのも気にせずに楽しい時間をすごしました。

3人の「女子」はみんな一人暮らし。夜遅い電車に乗って帰ったのですが、若いころみたいに、ちょっとワクワクしました。

古い友人とも、新しい知り合いとも、広い交流を楽しむ。

唯一無二と思っていた親友と、疎遠になることもある。

いまも集まっているグループとは別に、高校時代からの親友がいました。何をするのも一緒で、学校から帰っても長電話したり、夏休みに旅行したりどちらかの家に泊まって朝までおしゃべりしたり。就職しても、結婚しても、子どもが生まれても、別居したあとも、親しくしていました。

でも、少しずつ「何か違うな」と思うことが増えていったのです。食事に行っても、ショッピングしても、人生観や価値観がずれていくのを感じました。彼女の暮らしぶりや言葉のはしばしに少しずつ自分とは合わないと思うようになり、話をしたあと、疲れるようになってきました。

そのうちに、だんだんと疎遠になり、会うこともなくなってきました。いまは、年に数回、LINEをやりとりしている程度のおつきあいです。

女友だちとの関係は、学生時代に「唯一無二の親友」だと信じていても、大人になりそれぞれの環境が変われば、つづく友情もあれば、消えてしまう友情もあります。

たとえ親友でも心が離れてしまうこともあるでしょうが、そのときはそのときで、気にしないこと。無理してつき合う必要はないと思います。

誰だって齢を重ねて、環境が変わると価値観も変わってゆくものです。別れもあれば、あたらしい出会いもあるはず。年齢を重ねたからこそ出会う人もいるだろうし、違う年代とつきあうのも楽しい。

友だち関係は、断捨離まではしなくていいけれど、いつも風通しよく、ムリしないでつきあえたらいいと思います。

❖ 友だちとは、風通しよく、無理せずつきあうのがいちばん。

90歳の母とのつきあいは、娘に戻れるかけがえのない時間。

実家でひとり暮らししている母は、90歳になった今も、気丈で独立心も好奇心も旺盛。弟や、近くで暮らす妹が週に一度、母を連れて車で食料品の買い物に行ったり、宅配を利用していますが、食事の支度から家事一切をひとりで切り盛りしています。

そんな母とのつきあいは、わたしにとっては娘に戻れるようなもの。コロナ禍のいまは、なかなか会いに行けないのがもどかしいですが、その分、電話をかけていろんなことをおしゃべりしています。

わたしが実家に帰っても、母は洗いものひとつさせてくれません。けれど、親のところに行くのは自然なことで、お正月や夏休みにはきょうだい全員と、その家族が集まります。

わたしは4人きょうだいの長女。みんなが仲良く実家に集まるのは、母のきょうだいたちも同じようにしていたので、自然とそうなったと思います。

それでも、さすがに80代後半を過ぎたころ、お正月やお盆に子どもたちの家族が一斉に集まるのは、うれしい反面、疲れてしまうようになりました。

それで、実家近くのファミレスに集合して食事をすることにしました。

それでも、「ちょっとうちに寄っていく？」と母がみんなを誘い、結局実家でまたお茶を飲んだり、食べたりしたこともありました。

わたしの子どもたちは、母親のきょうだいたちがみんなで集まっているのを見て育ったせいか「親の家に遊びに行くのは自然なこと」と思ってくれているようです。いつか子どもたちにあたらしい家族ができたときは、みんなで集まればいいな、と思っています。

心のよりどころ。親きょうだいといつまでも仲良く。

ブログを始めて、世界が広がった。

２０１６年のクリスマスの夜に初投稿したブログは、もともと自分の備忘録のために書いたものです。正社員だったころは、パワーポイントで会議や研修の資料を作ったり、売上報告書を作成したり、それなりにパソコンを使っていましたが、パートで働き始めた呉服問屋では、ファクスがメイン。このままパソコンを使わないとキーボードの操作すら忘れてしまうと思ったのも、ブログを書くきっかけでした。

そんなゆるい気持ちで始めたので、私的な身の回りのことを書いたものを読んでくれる人なんているのかな、と思っていました。ところが、ありがたいことに少しずつ読者が増え、閲覧数も増えていきました。

わたしがブログを書くうえで気をつけているのは、愚痴を書かないこと。誰かを非難したり悪く言わないこと。

日々の暮らしの中で、できるだけ「いいこと」を見つけて、それを自分の言葉で素直に書くようにしました。「いいこと」は記録に書くことでさらに大きな「いいこと」になります。ブログのタイトル「60代一人暮らし　大切にしたいこと」は、一人暮らしにもすっかり慣れて60歳を過ぎ、これからは今まで以上に、毎日を心地よく幸せな気持ちで過ごしていきたい、自分を大切にしたいという気持ちでつけました。上手に文章が書けないので、まず画像ありきで始めます。こうすると言葉が出てくるのです。

そのうちに、「ほっこりする」「役に立った」「わたしにもできそう」と、好意的なコメントを書いてくれる人が何人もいるようになりました。

読者の方と、リアルでふれあうことはありません。それでも、コメント欄に書きこんでくださった人には、できるだけ返事をして、オンラインでのコミュニケーションを楽しんでいます。

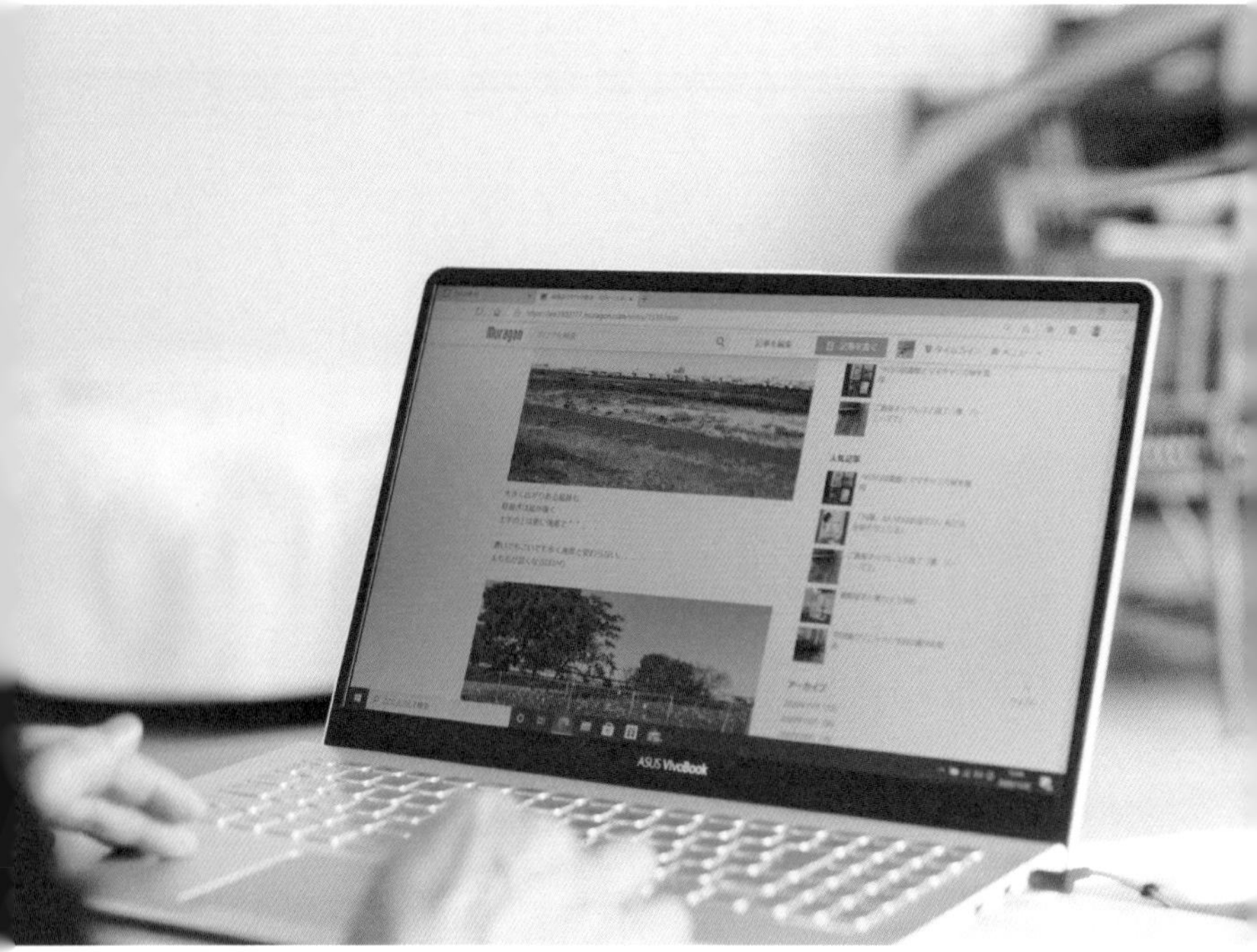

ブログはほぼ毎日、記事を更新しています。わたしの読者さんはあたたかくて、同世代の方がたくさんコメントをくださいます。

わたしは本を読むのが好きで、図書館で借りた小説の感想をブログに書きますが、本好きの読者の方から「その作者なら、この作品もおすすめ」と、教えてくれたりするので、知らなかった世界が広がり、とてもありがたいです。

百均の便利グッズを紹介すると、「こんなのもありますよ」とコメントを書いてくださったり、それを見て、さらに展開していくこともあって。

私的な日常の出来事でも、そういうゆるやかなつながりが、ブログをつづける楽しみでもあります。

❖新しい知識が増えるのが、SNSのいいところ。

シングルが多い分譲マンションでの気のおけない人づきあい。

46歳で契約して47歳で入居したマンションは、今年で18年になります。個性的な間取りのデザイナーズマンションで、入居者はシングル女性か子どものいないディンクスカップルがほとんどです。

都会で暮らしていて賃貸マンション住まいでは、隣近所の人とあいさつを交わすことは少ないかもしれませんが、分譲になると理事会や当番があるので、顔を合わせる機会もあり、どんな人が住んでいるかはお互いわかります。

わたしが住んでいるフロアには3室ありますが、両隣とも少し年長の一人暮らしの女性で、気心も知れているので、何かあったときに「ピンポン」とチャイムを鳴らし合えるから、とても心強いです。

エレベーターホールのところでばったり会うと、同じ歳で立ち話を10分以上するくせに、名前は知らない、なんて人も。

最寄り駅で会ったとき、声をかけようとしたのですが、お互いに名前がわからず、「ええっと、お名前は?」とコントみたいなやりとりをして、ふたりで大笑いしたことがありました。

頼れる人が同じ屋根の下にいる。そう思えれば、実際には頼らないですむように思います。

ご近所さんとのつきあいも、同世代でシングル同士だとわかり合えることが多くて。「いつかゆっくりと、お茶しようね」と話しています。

あのとき、ちょっと無理して、分譲マンションを買ってよかったと思えるのです。

マンションだからこそ、隣人と上手につきあう。

40年同じエリアで暮らしている安心感。

結婚していまのエリアで暮らし始めて40年になりました。別居時のアパートも、いまの分譲マンションも最寄り駅は同じ。

ありがたいことに、子どもたちが幼稚園、小学校のころからのお母さんたちをはじめ、顔見知りがいっぱいいるのが、とても心強いです。

駅前のスーパーで子どものPTAをしていたころの友だちにばったり会うと「わああ、ひさしぶり。元気にしてる？」と挨拶ができるのも、ずっと同じエリアでいるからこそ。もしかしたら、そのPTA友だちは、わたしが離婚したことも知らないかもしれないし、噂《うわさ》を耳にしていたかもしれない。それでも、子育てに奮闘していたころのわたしを知ってくれている人が近所にいると思うと、なんとなく安心できます。

わたしが暮らすマンションと、最寄り駅のあいだに昔ながらの商店街があります。揚げたてのコロッケが売っていたり、パン屋があったり、とある人気ドラマの舞台になったこともあって、ちょっとうれしくなりました。仕事帰りに歩くのも楽しいし、お休みの日には商店街の路地裏にある喫茶店でランチを食べるのも楽しみのひとつ。40年住んでいても、そのほとんどが仕事中心で生きてきたので、まだまだ知らないところがいっぱいあります。飽きるどころか、住めば住むほど魅力が深まります。

会社員時代は週末も休日も、持ち帰った仕事に追われるか、疲れ果てて寝てしまうか。DVDをみるのが精一杯で、本を読むゆとりがありませんでした。パート勤めになってから、週末や夜にゆっくり読書できるように。いまは2週間に一度、区立図書館で4冊借りて、読了したら感想をブログに書くようにしています。

群ようこさん、垣谷美雨《かきやみう》さんなど、同世代の女性作家の作品をよく読んでいました。いまのお気に入りは、吉田修一さん。シリアスな作品からユーモラスなものまで、次作が待ち遠しいです。いつもママチャリで図書館に行きますが、ちょうどいい距離に図書館があるのも、この町に住んでいてよかったと、思えることです。

これまでは町内会とか地域のおつきあいはしてこなかったけれど、時間にゆとりができたら、やってみたいな、と思います。

うちのマンションの外廊下からは、河川の花火大会の打ち上げ花火がほんとうにきれいに見えるのです。ご近所の人たちと誘い合って、花火見物をするのもいいかもしれません。

営業職だったせいか、誰かとおしゃべりするのは、楽しいので。

誰かの役に立ちたいという気持ちは、会社員でも、パートでも、地域の役員でも同じ。いろんな人と輪を広げてつきあっていきたいと思っています。

住んでいる地域をよく知ると、生活がぐんと楽しくなる。

第 7 章

これからが楽しみどき。65歳のギアチェンジ

58歳のときから7年間準備して、
ライフスタイルの基本は作れた。
仕事も無理のない範囲で続けるけれど、
さあ、これからは楽しむことを第一にしよう。

仕事は辞めないでおく。12万の生活費以外は予備費にまわす。

65歳になったら、老齢年金がもらえます。60歳を過ぎてから、体力も気力も少しずつ落ちてくるのを感じ、人間関係でつまずくことがあると、早く65歳になって年金をもらいたい、仕事を辞めてラクになりたいと思っていたので、この日をずっと楽しみに待っていました。でも間近になったいま、まだパートはやめないでおこうと思っています。幸い、今の会社は、社員に定年はあっても、パートにはありません。辞める気持ちにならないのは、いまの暮らしや働き方が気に入っているからです。

週末の2日だけのお休みでは、週明けに疲れが残ってしまうこともあり、このまま体力がもつかしら、と、不安になりました。それを解消しようと2

年前に週の中間あたりにもう1日お休みを増やすことで、自分のペースがつかめてきました。それでも勤務時間が長いな、と思い始めていましたが、コロナ禍の影響から、時短になったこともわたしには幸いしました。月収はフルタイム週5のときと比べたら、4万円減収になりましたが、それも60歳からもらい始めた企業年金で相殺されます。

65歳になったら、リタイア。いいえ、それはもったいないな、と思います。いまのところ、職場の人間関係も落ち着き、誰にでもできるとはいえ、仕事にも慣れ、職場では「ショコラさんがいないと困っちゃうな」と、必要とされているようです。年金だけで暮らしていくことができるとわかってきたので、いつ辞めても大丈夫と思えるいまの状態は、何より気持ちもラクで自由な感じがあります。

苦手だった着物も、衣類、ファッションです。子どもの着物は一生に一度のお祝い着。洋服とは違いますが、上質な正絹の着物と帯に、草履やバッグの色や柄を合わせるのは、慣れてくると、コーディネートを考えるのも楽しくなってきて。いまはやりがいも感じています。忙しく大変なときもありますが、仕事で得られる達成感が自分を成長させてくれるように思います。

わたしの弟がフランチャイズでコンビニを経営していますが、そこでオープンのころから働いている70代の女性がいらっしゃいます。弟はベテランのパートさんたちに、「やめられたら困る。やめないで」と、引きとめているそう。そんなふうにたとえパートでも、いくつになったとしても、必要とされる働き手になりたい。わたしも見習いたいな、と思います。

いまの時短で週休3日の働き方になってから、ちょうといい感じです。先のことはわかりませんが、このままいけば、生活費は年金で、パートの月収8万円ほどはそのまま手元に残ります。それを予備費として、何か楽しいことに使ったり、ちょっと奮発した買い物をしてもいい。体力と気力がまだあるうちは働いて、その対価としてお金を得ていきたいです。

年金だけで暮らせても、仕事がある限り無理なく働く。

シニアの暮らしは、健康維持を心がける。

この年齢になっても仕事をし、気ままに一人暮らしができるのも、健康な身体があってこそ。大きな病気をしたこともなく、アレルギーもない。健康な身体であることに感謝していますが、この先何があるかわかりません。

これまで仕事でかかわってきた女性の先輩たちで、がんになって苦労された人もいます。チーフをしていたときにずいぶんとサポートしてくれた女性でしたが、大腸がんを患い手術されました。お見舞いに行ったとき、「お守りだと思ってがん保険は入っておいたほうがいいよ、と勧めてくれたので、掛け捨てのがん保険に入っています。

その他、健康診断は、会社で毎年受診しています。項目にないオプション検査は多少高くても、自費で受けています。一喜一憂したくはありませんが、安心感を持って暮らしたいと思います。

定期的にかかりつけの大学病院で胃カメラや内視鏡、十二指腸の検査などもしてもらいます。

このあいだは、念のためにと、大学病院で十二指腸のCT画像を撮ったときに、たまたま甲状腺の小さな腫瘍が見つかり、エコーや血液検査をして、専門病院の再検査を申し渡されました。

紹介状をもって受診した先の専門医の見立てでは、腫瘍マーカーも正常で、触診しても異常がないとのことでした。それでも念のため、半年後に再検査を受ける予定でいます。

特にヘルシー志向ではありませんが、普段の食事は栄養バランス良く、食材を組み合わせています。お弁当は野菜中心のサラダやスープに。炭水化物は少なめに。気をつけているのは、当たり前のことばかり。

たまの外食は、好きなものを心置きなく食べています。食べたいものを本当においしいと思いながら食べれば、自然に顔も綻び、身体に栄養が行き渡るように感じます。

健康でいるためには、免疫力を高めること。そのためにできるだけ日光を浴びることを心がけています。日焼けも気になりますが、いまはそれよりも丈夫な身体を作るほうが大事。歳を重ね、もろくなっていく骨のためにも日光の力を取り入れたい。そして、ストレスをため込まないこと。笑顔を増やすこと。友だちと会えば笑うことも多いですが、いつもそんな時間が持てるわけではなく、ひとりでいると笑うことも少なくなります。笑顔がないな、と思ったら、本でもテレビでもコメディを見て、大笑いしたりしています。

また、食べものをかみ砕く歯のメンテナンスも欠かせません。歯が丈夫ではないので、3か月に一度はデンタルチェックと歯のクリーニングをしてもらう習慣は、何年も続けています。

病気にならないように心がけ、まめに検査も受ける。

ママチャリで銭湯と喫茶店巡り。思い立ったら出かけます。

暮らしている町には、近くに大きな川があって、広い公園もあります。ママチャリにまたがり、思い切りよくペダルを漕《こ》ぐと、風が心地よいのです。休日にはたまに銭湯まで運動がてらママチャリで出かけることもあります。

わが家のバスタブは大きいけれど、その分、水道とガス代がかかるのが難点。銭湯なら、大きな湯舟で思いきり手足をのばせるのが、気持ちいいんです。銭湯は露天風呂があるところを探します。お湯につかりながら、明るい時間は青空を眺め、日が暮れれば夜空を眺める。薬湯やジェットバスに水風呂も楽しみ、ちょっとした温泉気分が味わえます。それなのに入湯料わずか470円。500円玉で払うとおつりがあるなんて、うれしい限りです。

銭湯は裸のつきあいができるので、気持ちも解放され、知らない人でもふとしたことで、おしゃべりすることもあります。若いころは、銭湯の存在を忘れていましたが、いまは娯楽のひとつ。ゆっくり温まれば、ママチャリに乗って帰るあいだも、湯冷めしません。

銭湯と一緒にレトロな喫茶店巡りも楽しみにしています。ホットケーキやサンドイッチ、ナポリタンなど、その店の名物を食べると、昭和にタイムスリップしたような気分が味わえます。

ママチャリでは、あまり運動量はないかもしれませんが、それでも、運動不足のわたしには手頃です。

これからも自転車を走らせて、銭湯で温まり、レトロな喫茶店でおいしいコーヒーと、懐かしの喫茶店メニューを食べ歩きたいと思います。

電車でちょっと遠出したときもレンタサイクルを借りて、ママチャリ散歩をすることも。自転車のいいところは、駐車場がいらないので、気になった露路に入ったり、お店を覗いたり、寄り道ができるところ。

真夏や真冬はペダルを漕ぐのがつらいこともありますが、目的があれば大丈夫。春や秋は、ほんとうに気持ちよくて、いい気分転換になります。

ママチャリ散歩のほかには、神社仏閣を巡ってお参りし、「御朱印」をいただく小旅行も、楽しんでいます。

60歳になったときから始めた御朱印帳も3冊目。鎌倉や京都、御朱印を見返すと、アルバムを開くような気持ちになります。神奈川県横須賀市の漁港近くにある走水《はしりみず》神社にも行きました。そこで買い求めた御朱印帳がとてもきれいで、大切に使っています。

事前に準備して宿泊する旅ももちろんいいけれど、思い立ったら出かけられる小さな旅が、いまのわたしにはしっくりきます。

✤大きなイベントもいいけれど、小さな旅が楽しい。

自転車を思うがままに走らせて街を散策するのが好き。ひと休みする昭和レトロな喫茶店。おやつ時間をよくブログでアップしています。

ピアノとフラダンス。これからやりたい趣味のこと。

大人になって、落ちついたらちゃんと習おうと思っていたのが、ピアノです。木村拓哉さんと山口智子さんが出演した「ロングバケーション」というドラマが大好きで、物語と世界観にすっかり憧れていました。

木村さんがピアニストをめざす役で、劇中に「瀬名のテーマ」というオリジナルピアノ曲があって、それを自分でも弾いてみたくなりました。小学生のころ、4年程度習っていたピアノを思い出し、電子ピアノを買い、ピアノ教師をしている友だちに頼んで、レッスンを受けました。二回、大人だけの発表会に出演して憧れの曲を弾きました。

でも、そのあと別居したり、正社員になって、仕事が忙しくなってしまい、ピアノレッスンはそれっきりになっていました。

65歳になったら、やりたいことはピアノ。いつかそんな話をしたのか、誕生日に次男が、グランドピアノのミニチュアをプレゼントしてくれました。ピアノがなくてもいまは貸しスタジオがあるようなので、のんびりとでも、レッスンを始めたいと思っています。

もうひとつは、衣装だけ買ったフラダンス。50代のころ入会していたスポーツジムのオプションメニューに「フラ」のレッスンがありました。祈りとゆったりとしたリズムのフラは、いくつになってもできそうだと、ヤフオクでレッスン用の衣装「パウ」を買いました。それが仕事の忙しさで通える時間がなくなり、退会しました。パウはいまでも大切にとってあります。

いつかまたフラを習いたい。それから気ままな旅行もたくさんしたい。小さな夢でも考えるだけで楽しくなります。

✿やってみたいことがたくさんあるほど、夢がふくらむ。

「いつか時間ができたら、ピアノを習いたい」。そんな話をしたら、次男がミニチュアをプレゼントしてくれました。

ゆっくりと余暇をすごす時間ができたら、始めたいのがフラ。スイーツみたいな色の取り合わせが気に入っています。

ストレスがない生活は、なんて気持ちがいいのだろう。

これまで64年と11か月生きてきて、いまほどストレスがないときは、これまでなかったかもしれません。

結婚して年子の子育てをしながら、夫に気を遣いながら暮らしていたとき。マンションを買って、ローンを抱えながら必死で働いていたときもストレスがつきまとっていました。正社員になり、チーフ、所長と立場が上がると、それに比例してストレスはマックスに。

もう、ほんとうに心が折れてしまいそうでした。

それでも仕事漬けの日々は、今振り返ると、よくがんばってきたな、と思います。

そんなストレス満杯の毎日があって、いまのストレスを感じない暮らしがあるのでしょう。

ほんとうにいまは、すぐに消えてしまうストレスしかなくて。

老後のことを思い煩うことも、お金にまつわる悩みごとや親の問題もいまのところありません。

少しずつそろえた、シンプルで実用的な家具、アラビアの食器や、お気に入りのワードローブをそろえたクローゼットなど、家中どこを見ても、好きなものばかりという満ち足りた気持ち。

部屋も心も落ち着いて過ごせる生活は、なんてしあわせなんだろう。

婚家を出たばかりで先の不安に押しつぶされそうだった42歳のわたしに、いまのしあわせな気持ちを教えてあげたいと思います。

いまは辛抱するとき。いつかストレスのない日々が待っているよ、と。

✤辛抱するときがあっても、ストレスのない日がいつかくる。

かくしゃくとした、90歳の母を見習う。

古いアルバムを開くと、若き日の母がそこにいます。

いまのわたしに顔がそっくり。年齢を重ねるたびに母に似ていくようです。わたしは母が好きだから、うれしいやら恥ずかしいやら。

母は実家でひとり暮らしをしています。90歳になりますが、足がちょっと悪いぐらい。膝が痛いといってゆっくりとしか歩けませんが、頭の回転は速くて、毎朝、新聞を隅々まで読むのを日課にして、好きなものを食べ、一人暮らしの自由を楽しんでいます。

年齢的なことを考えて、老齢施設やデイサービスへ、という相談もしましたが、かくしゃくとした母に「年寄り扱いされるのがイヤ」と断られてしまいました。介護施設に入居したら、かえって認知症になりそうだと。

でも、いよいよ介護が必要になったときは、狭くてもこの部屋に来てもらうか、近くに部屋を借りてわたしが通ったり、同居するのが、現実的なように思います。

それまでは、それぞれが自立して、日々を暮らし、ときどき実家を訪ねて一緒に食事をし、おしゃべりしたり、電話で近況を伝え合う。ほどよい距離感のまま、母とつきあっていきたいと考えています。そして、母をお手本にして、子どもたちにむやみに頼らず、これから70、80、90歳と、上手に年をとっていけたら、こんなに素敵なことはありません。

✤子どもたちに頼らず、90歳になっても自立した暮らしを。

おわりに

最後のページまで読んでくださってありがとうございます。

仕事のこと、お金のやりくり、年金のこと、息子とのことなど、ありのままに書きました。気恥ずかしさと、どう感じられるか、少し不安もあります。それでも、どなたかのお役に立てるなら、うれしいです。

この本のために、写真を撮り下ろしてもらいました。後ろ姿ですが、長男と並んで歩いた写真は、いい思い出になりました。

書きながら、さまざまなことを思い出しました。老後のことなど何も考えていなかった30代、ひとりになって切実に考え始めた40代からのこと。そのなかでも、42歳の夏に、家を出て子どもたちと別々に暮らしたこと。いつもは心にふたをしていましたが、子どもたちに申し訳ない気持ちでいっぱいでした。離婚したことを後悔したことはありませんが、多感な子どもの心を傷つけたことは、生涯忘れないでしょう。

ごめんね。

こんな母なのに、いつもやさしくしてくれてありがとう。

もうすぐ65歳だなんて、自分でも信じられなくて。アンアンのグラビアページを食いいるように眺めていた20歳のわたしは、奇遇にも同じ出版社から自著を出版することになってびっくりするでしょうね。

ファッションが好きで、もう流行は追いかけませんが、いくつになっても無理せず、自分らしく、おしゃれを忘れない女性でいたいと思います。

竹内まりやさんの「人生の扉」を聴きながら

２０２１年１月

シヨコラ

ショコラ

1956年2月生まれ。2016年、60歳で始めたブログ、「60代一人暮らし 大切にしたいこと」https://lee3900777.muragon.comがシニアブログとしては異例のPV数を記録し、話題となる。2019年『58歳から日々を大切に小さく暮らす』(すばる舎)を出版、10万部のヒットに。

「老前整理」として不要なものを処分し、好きなものにだけ囲まれて暮らす。月々の生活費を12万円と決め、必要な分だけ働く。無理なく、のびやかな暮らしが、多くの人の共感を呼んでいる。

息子2人が小学校に上がったときからパート勤めを始め、42歳で別居、5年後に正式に離婚。43歳で転職、契約社員から社員となり、最終的には営業所長に。57歳で退職してからは、パート勤務。

編集協力　田村幸子
撮影　林ひろし
　中島慶子(p128、132、136、137)
イラスト　tent
デザイン　河南祐介、塚本望来(FANTAGRAPH)

65歳から
心ゆたかに
暮らすために
大切なこと

2021年1月28日　第1刷発行
2022年4月27日　第6刷発行

著　者　　ショコラ
発行者　　鉄尾周一
発行所　　株式会社マガジンハウス
〒104-8003 東京都中央区銀座3-13-10
書籍編集部　☎03-3545-7030
受注センター　☎049-275-1811

印刷・製本　三松堂印刷株式会社

ISBN978-4-8387-3139-8 C0077